伝道師

仏教、キリスト教はいかにして
世界宗教になったか

伝道師

——仏教、キリスト教はいかにして世界宗教になったか

まえがき

人は自分の命も顧みず、なすべき務めを果たす人を見ると感動を覚える。

東日本大震災では、そのような話が数多く伝えられている。

津波に呑まれる瞬間まで、マイクを離さず、住民に避難を呼びかけた役場の女性職員。

逃げ遅れて取り残されてしまった住民を救いに行って、津波に呑み込まれた警察官。

一度安全な場所に避難しながら、外国から来た研修生を救うべく海岸の方に向かい、命を落とした会社役員。

彼らの人生を思うと、「幸福な人生とは何か」について、深く考えさせられる。

思いがけない形で人生を終えることになった彼らは、金銭的な豊かさを手にしたわけでも、高い地位に上ったわけでも、人もうらやむ長寿を得たわけでもない。その悲劇的な死は、不幸な人生だったと見えなくもない。にもかかわらず、彼らの人生が世界中の人から称賛され、感動を呼んでいるのは、彼らが私心なくその職務を全《まっと》うし、他人のために命を投げ出したことに、ある種の〝尊さ〟を感じるからではないだろうか。

〝使命を果たす生き方〟は、人間として最高の生き方の一つである。そうした生き方に触れると、私たち自身も「そのようにありたい」と願い、「自分にとっての使命は何か」を考えるようになる。

本書は、使命を果たす生き方をした人のうちでも、最も尊く、感動的な生き方をしたと言える宗教家に注目してみた。

わずか三年ばかりの伝道でイエスが十字架にかかってしまったにもかかわらず、なぜキリスト教は世界宗教になったのか。

電車も飛行機もない時代にインドで仏陀が説いた教えが、なぜ世界中に広がっていったのか。

その背景には、命を賭《と》して伝道に励んだ無数の人々がいる。

彼らは仏陀やイエスを信じ、その教えを弘めるために、世俗的な地位や権力を捨て、時には罵詈雑言《ばりぞうごん》を浴び、迫害を受けながら、それでも信仰を捨てることなく、神仏の命ずるままに自らの義務を果たしている。そして、愛、勇気、智慧《ちえ》といった目に見えない価値のもとに、自ら信じるもののために信念を貫いた。

彼らの尊い生き方は、後世の人々に感動を与え続けている。そして、「いかに生きるか」「いかに死ぬか」の教訓を与えてくれる。

考えてみると、宗教には不思議なところがあって、収益もなく、マネジメントの理論もないように思われるのに、俗に三〇年と言われる会社の寿命を超え、一説では二〇〇年と言われる国家の寿命をも超え、数千年にわたって存続している。普通に考えたら、これはあり得ないことだ。その秘密の一端に、一人ひとりの信仰者の強い使命感と伝道の情熱があることが推察できる。

その意味で、本書は宗教関係者のみならず、経営者やビジネスパーソンにとっても、組織の存続を考える上で、何らかの有益なヒントを提供できると信じている。

私たちの今回の人生が、後世から見ても恥ずかしくない、誇りあるものにするために、伝道に励んだ宗教家の人生に学んでみたい。

『伝道師』目次

第二部　仏教

第一部

キリスト教

プロローグ

イエスは、愛と許しの人だった。

ある男は、徴税人だった。徴税人は当時、卑しい職業と言われ、軽蔑されていた。

しかし、イエスはその男を許し、愛した。

ある女は、娼婦だった。やはり罪深い職業と言われ、軽蔑されていた。

しかし、イエスはその女を許し、愛した。

ある女は、姦通の罪を犯し、人々から断罪されようとしていた。

しかし、イエスはその女を許し、愛した。

サマリア人たちは、「イスラエルの血を汚す者」として、ユダヤ人たちから差別されていた。

しかし、イエスはその人たちを許し、愛した。

律法学者たちは、新しい教えを説くイエスの活動を邪魔し、迫害した。

しかし、イエスはその人たちを許し、愛した。
ある男は、弟子でありながら、師の危機に際して、われ先と逃げ出してしまった。
しかし、イエスはその男を許し、愛した。
ある男は、師をわずか三〇枚の銀貨で売り飛ばし、十字架にかけてしまった。
しかし、イエスはその男を許し、愛した。
ある男は、師が十字架にかかった後で復活したという話を聞いても信じなかった。
しかし、イエスはその男を許し、愛した。
イエスはついに、一人として憎しみの心を抱くことなく、
人類のすべての罪を背負い、いかなる人も、許し、愛した。
人々は、そんな奇跡の人格を持ったイエスに触れて、震えるほどの感動を覚え、
神の存在を確信し、神の子であるイエスを尊敬し続けた。
ユダヤの片隅で説かれたこの教えは、やがて世界へと広がった。

第一章
それでも真実を語る

最初の殉教者【ステファノ】

選ばれた七人

例えば、「暴力団反対」を訴えて、暴力団にとらわれたとき。

例えば、「テロ撲滅」を訴えて、過激テロ組織にとらわれたとき。

あるいは、ある独裁国家を批判して、その国の警察にとらわれたとき。

それでも、自説を曲げることなく、自らの信念を訴え続けることができるだろうか。

暴力をふるわれても、拷問《ごうもん》にかけられても、たとえ命を失うことになったとしても、毅然《きぜん》として同じ主張を繰り返すことができるだろうか。


イエスの弟子で、初めてそれをやってのけたのがステファノだ。

ステファノは、いわゆる「十二使徒」の一人ではない。

十二使徒は、イエス教団の幹部だが、教勢が広がって弟子の数が増えると、食事の分配などでもめることが多くなり、十二使徒たちは雑事に振り回されがちになった。

そこで、十二人は弟子を集めて、食事の世話などの雑務を任せるべき七人の執事を選ぶことにした。

その条件は、三つあった。

一つ目は、「御霊《みたま》に満ちていること」。心が清らかで、天上界の聖霊と同通し、その言葉を語ることができるという意味だ。

二つ目は、「知恵に満ちていること」。教団を運営するには、実際的で具体的な仕事能力が求められる。雑務をこなすためには、気が利いて知恵の回る人が求められるというわけだ。

三つ目は、「評判の良い人」。信者から嫌われるようなタイプでは、教団運営が滞ってしまうからだ。

ステファノはこの条件を見事に満たし、フィリポ、プロコロ、ニカノルらとともに、七人のうちの一人に選ばれた。

彼らが教団の雑用を担うようになると、十二使徒らは、本来の宗教的な仕事に専念することができるようになった。本来の仕事とは、「祈り」と「神の言葉を宣べ伝える」ことの二つである。教団の宗教性はぐんと高まった。

こうして、使徒たちが伝える神の言葉は、急速に人々の間で広がっていった。エルサレムで弟子の数がものすごい勢いで増え、ユダヤ教の祭司も多くがこの新しい信仰の道に入っていった。

聖霊の導きによって議論に勝利するステファノ

ステファノは、単に雑事に励んだだけでなく、十二使徒のように、神の言葉を宣べ伝えたり、病気を治したりできた。そこで、街へ出て、民衆の中に分け入り、めざましい奇跡を次々と起こしていった。

しかし、ステファノが伝える言葉の中には、人々にとって耳に痛いものが混じっていた。

ステファノが伝えようとしたのは、当然、イエスの教えである。そのメッセージの中には、「イエスはただ病を癒すために来たのではなく、人間の罪を贖《あがな》うために来た」という意味が込められていた。

これが人々の反発を招いた。

なぜか。それなりに満足して生きている人たちに対して、「あなたがたは本当は罪人なのであり、人々に代わって罪を背負って十字架にかかったイエスを信ずることで、魂は救われる」と説いたからだ。

いきなり「お前は罪人だ」と言われれば、当惑する人も出てくる。もちろん、多くの人は、ステファノにそう問われて、自らの罪を自覚し、悔い改めてイエスを信じた。しかし、「冗談じゃない」と怒り出す人も出た。特に、ユダヤ人で、かつて奴隷だったが、今では解放されて自由人になった人たちは猛然と反発した。そして、次々とステファノに議論を挑んでいった。

しかし、誰もステファノに議論で勝てなかったという。

ステファノが〝聖霊の働き〟によって語ったからだ。神と人間が議論をして、人間が勝てるわけがない。知恵の深さ、言葉の力強さ、決して乱れない不動の精神、すべてにおいて、段違いの実力差があった。


ステファノも、人々の反発に気づかなかったはずはない。しかし、反発されたからといって、神の言葉を偽って伝えるわけにもいかない。

次々と挑まれる議論に対して、聖霊の導きのまま、ステファノは淡々と真実を宣べ伝えていった。


しかし、愚かな人々は、議論で負けて素直に屈服するのではなく、いよいよ激しく逆恨みすることになった。かといって、正面から戦ったのでは歯が立たない。そこで、姑息《こそく》な手段に出た。

人々を唆《そそのか》して、「私たちは、ステファノがモーセと神を冒涜《ぼうとく》する言葉を吐くのを聞いた」と言わせたのだ。

現代で言えば、俗悪な週刊誌などにウソのコメントを書かせたようなものだろう。そうした〝悪い噂〟というものは、いつの時代も、信じられやすいし、広がりやすい。

民衆や長老たち、そして律法学者たちは、たちまち扇動されてしまった。

彼らはステファノを襲って捕らえ、最高法院に引いて行った。

そして、偽の証人を立てて、次のように言わせた。

「この男は、この聖なる場所と律法をけなして、一向にやめようとしません。私たちは、彼がこう言っているのを聞いています。『あのナザレのイエスは、この場所を破壊し、モーセが我々に伝えた慣習を変えるだろう』」

ステファノを、まるで秩序破壊者であるかのように訴えたわけだが、ステファノは、このいわれなきウソの証言を聞いても、顔色一つ変えず、一切の動揺も見せず、天使のような顔をしていたという。

大祭司に「訴えの通りか？」と尋ねられた時、ステファノの歴史的な〝大説教〟が始まった。

命をかけて真実を語る

「兄弟であり父である皆さん、聞いてください」

最高法院に詰め掛けた聴衆に、そう呼びかけると、ステファノは、おもむろにユダヤの歴史を語り始めた。

アブラハム

ヨセフ

モーセ
ヨシュア
ダビデ
ソロモン
ユダヤ人が誇りとする預言者の名を連ねながら、人々はいつも彼らの発する神の言葉を信じることができず、常に迫害を加えてきた事実を事細かに指摘したのだ。
そして、最後にこう締めくくった。

「かたくなで、心と耳に割礼《かつれい》（注）を受けていない人たち、
あなたがたは、いつも聖霊に逆らっています。
あなたがたの先祖が逆らったように、あなたがたもそうしているのです。
いったい、あなたがたの先祖が迫害しなかった預言者が、一人でもいたでしょうか。
彼らは、正しい方が来られることを預言した人々を殺しました。

そして今や、あなたがたがその方を裏切る者、殺す者となった。天使たちを通して律法を受けた者なのに、それを守りませんでした」

（使徒言行録7章）

自分を迫害する聴衆たちに向かって、過去の偉大な預言者を迫害した愚かな先祖たちと同じ罪を犯していると真正面から言い切ったのだ。

当然、人々はこれを聞いて烈火のごとく怒った。

しかし、憤る人々とは裏腹に、ステファノはこの時、聖霊に満たされていたため、心は平静で、穏やかな顔をしていた。人々の罪を指摘しながらも、その心には一片の憎しみの心もなかったのだ。

人々の憎悪の想念を浴びつつも、ステファノは独り静かに天を見つめていると、神の栄光が現れ、イエスが神の右に立っているのが見えたという。そこで、ステファノは、「天が開いて、人の子が神の右に立っておられるのが見える」と言った。

こうした聖霊の働きを感じ取ることができない人々は、ますます憤り、大声で叫びながら、耳を手でふさぎ、ステファノに一斉に襲いかかった。

そして、都の外に引きずり出して、石を投げ始めた――。

最期まで信仰を捨てなかったステファノ

ステファノを石打ちの刑にしたリーダーの一人にサウロ（後のパウロ）がいた。彼はステファノを罠にかけることを思い立ち、公衆の面前で治りそうもない強度の皮膚病の人を連れてきて「治してみろ」と迫ったという。

しかし、数多くの病人を治し続けてきたステファノは、なぜかこの時は、病人を治すことができなかった。

「それ見たことか」とサウロたちは、ますます笠に着て、「改宗すると言えば、殺すのは許してやる」と迫った。

石打ちの刑で最初の殉教者となるステファノ。
しかし、その様子を天使たちが見守っている。

しかし、ステファノは無数の石に打たれて血を流しながら「私の信仰は、たとえ殺されても揺るがない」と言い続けた。そして、死の直前に「主イエスよ、私の霊をお受けください」と言ったという。

ステファノの最後の言葉は、次のように伝えられている。

「主よ、この罪を彼らに背負わせないでください」

師のイエスがそうであったように、ステファノもまた、自らを迫害し命を奪おうとする者に対して、恨むことなく、その罪を許すことを乞い、穏やかに天に召されていったのだ。

ステファノは、こうしてキリスト教初の殉教者となった。

この日、エルサレムの教会に対して、大迫害が起こり、使徒たちはみな、他の地方に散っていかざるを得なくなった。

一部の心ある人々は、ステファノのことを思って大変悲しんだという。

しかし、「ステファノの殉教」という悲劇は、むしろキリスト教の大いなる宣教の始まりとなった。

散っていった人々が、あちこちの町で、神の言葉を告げ知らせながら、病気治しなどの奇跡を起こして歩き始めたことが、その理由の一つ。

そして、もう一つは、迫害の中心人物だったサウロの心の中で、ステファノの殉教が一つのきっかけとなって、大きな変化が生じたことだ。

「ここまでされても、彼は自分の説を翻《ひるがえ》さない。なんという恐ろしい宗教だろう」

まさに、このサウロの心境の変化が後の歴史を変えることになった。命がけの信念は、人を動かし、世界を変える力を持っているのだ。

（注）男子の性器の包皮の一部を切除するユダヤ教の風習。

〔主な参考書籍〕

『新約聖書』（新共同訳）

『新約聖書ものがたり』ジャック・ミュッセ著

『丹羽鉦之聖書講解　使徒行伝Ⅱ』丹羽鉦之著

『愛、無限』大川隆法著

『伝道の心』大川隆法著

第二章

相手を選ばず、時を選ばず、場所を選ばず

世界伝道の先駆者【パウロ】

迫害者から伝道者へ

「人は、変わることができる」という。

しかし、パウロ（ユダヤ名・サウロ）ほど劇的に自己変革を見せた人物は歴史上ほとんどいないだろう。

パウロを変えたのは、神秘体験と奇跡体験とに裏打ちされた信仰であった。そして、キリスト教が今日にいたる世界宗教になり得たのは、彼の功績によるところが大きい。

だが、パウロが伝道者として活躍したのはイエスの死後である。

パウロは熱心なパリサイ派のユダヤ教徒だった。

「私は一度も戒律を破ったことがない」と自負するほど厳格な律法主義者で、パウロにとって、律法より心を重視する教えを広げようとするイエスの弟子たちは許しがたい存在だった。パウロは、彼らを迫害し、捕らえては投獄した。そして、ステファノの殺害にも賛成し、主導者の一人となった。

そんなパウロが運命の大転換を余儀なくされたのが、かの有名な「ダマスコの回心」だ。

ステファノが殉教した後、パウロは、多くのキリスト教徒たちが迫害から逃れるために避難していると聞きつけ、ダマスコへ向かう。

その途上、天から白く強い光が差し、

「サウロ、サウロ、なぜ、私を迫害するのか」

という声が聞こえてきた。

その声に向かって「あなたはどなたですか」とパウロが聞くと、

「私は、あなたが迫害しているイエスである」

パウロが迫害者から伝道者へ一変したダマスコの回心。
この時パウロは初めて復活したイエスの声を聞いた。

と、答えが返ってきたのである。

パウロはその強い光で目が見えなくなってしまう。しかし、ダマスコでイエスの弟子、アナニヤに治してもらうと、三日間見えなかった目が見えるようになった。

実は、アナニヤは、夢の中で「パウロの目を治せ」とイエスに告げられていたという。明らかにイエスは伝道者としてパウロを選んだのだ。そして、その期待にパウロは見事応えていく。

復活したイエスに会うというこの神秘体験と、見えなくなった目が見えるようになるという奇跡体験によって、パウロは回心して、真理に目覚める。そして、「この人（イエス）こそ神の子である」と宣べ伝え始めたのだ。

だが、これまでキリスト教徒を迫害していた人間が突如、一八〇度逆の立場となって伝道し始めたのだから、当然イエスの弟子たちからもパリサイ派の人たちからも信じてもらえなかった。それどころか、ユダヤ人の中には彼の命を狙う者まであった。

それでもパウロは熱心に伝道した。

「あれはキリスト教徒たちを滅ぼしていた男ではないのか」

パウロの過去を知る人々のそうした声にも怖気《おじけ》づくことなく、ますます力強くイエスがメシア（救世主）であることを伝えた。

そうしているうちに、バルナバをはじめキリスト教の宣教者たちの間で受け入れられるようになった。

イエスより異邦人伝道の使命を告げられる

ダマスコからエルサレムに帰ってくると、パウロは神殿で祈った。

するとまた、イエスの声を聞いたという。

「行け。私があなたを遠く異邦人のために遣《つか》わすのだ」

当時、キリスト教は、エルサレムでは十二使徒やヤコブらによって原始教会ができ始めていたが、彼らはエルサレムを中心とするパレスチナでのみ活動していた。そこでパウロは、エルサレムは彼らに任せて、誰もしていない異邦人（ユダヤ人以外の民族）伝道こそ自らの使命なのだと悟る。

そこから、現在のシリア、トルコ、ギリシア、マケドニア、ブルガリアまで、数千キロにもおよぶ三回の伝道旅行が始まり、キリスト教はエルサレムという地域を超えて広がっていったのである。

また、ユダヤ教の伝統を守るヤコブら原始教会は、異邦人がキリスト教に入信するには、一度ユダヤ教に改宗してからでなければ認めず、割礼やユダヤ教の律法を守ることを義務づけており、ユダヤ人という民族的宗教の枠を脱することができないでいた。

ところがパウロの主張は、「ユダヤ人はユダヤ人のまま、ギリシア人はギリシア人のまま、ひとしく神の子であり、割礼や律法を守る必要はなく、イエスへの信仰があれば誰でも救われる」と原始教会の伝統を否定するものだった。

この割礼、律法義務の拒否によって、キリスト教は民族も超えて、世界宗教へと広がっていくことができたのだ。

地の果てにまでも救いをもたらすために

しかし、当然ながら、異邦人伝道の過程はそんなに容易ではない。伝道旅行の間、パウロは、七回もの逮捕・投獄を受けることになった。

それでも、パウロの心は折れない。彼の伝道の意欲を駆り立て、支えたものは、ただ一つ——使命感だった。

パウロは

「私は、あなたを異邦人の光と定めた、
あなたが、地の果てにまでも救いをもたらすために」

という天からのイエスの言葉を常に胸に、相手を選ばず、時を選ばず、場所を選ばず、命がけの伝道を続けた。

例えば、ローマの植民都市フィリピの牢の中で。
ある時パウロは、占いの霊に取り憑かれた女奴隷から、その霊を撃退した。しかし、その女の占いによって金儲けしていた女の主人たちに恨まれ、投獄されてしまった。あまりに理不尽な理由だが、その牢の中でも、パウロは共に伝道していたシラスと賛美歌を歌って神に祈った。他の囚人たちは二人の賛美歌に聞き入り、感化された。ある時、大地震が起きて牢から脱出するチャンスができたにもかかわらず、誰一人脱獄しなかったほどだ。そのパウロの情熱と信仰心は、看守とその一家をも入信させた。

例えば、アテネで一人、後から来る仲間を待っている間に。

フィリピの後、アンフィポリスとアポロニア、テサロニケを経てベレアに着くが、パウロはここでも迫害を受け、急ぎアテネへ向かう。共に伝道していたシラスとテモテの二人も後からアテネに来ることになっていた。

が、その二人の到着を待つことなく、毎日一人で、ユダヤ人の集まる会堂で宣教し、広場で居合わせた人々に宣教し、エピクロス派やストア派の哲学者らに宣教した。

さらには、アレオパゴス（注）の真ん中でも宣教した。しかし、多くの者は、パウロの説くイエスの復活を信じず、あざ笑った。

例えば、怒り狂う民衆の前や、王様の前でも。

第三回伝道旅行でパウロはエルサレムに着くが、律法を守るユダヤ人たちの怒りを買って、捕らえられる。兵営の中に連れて行かれそうになった時に、「その男（パウロ）を殺してしまえ」と騒ぐ民衆を、パウロは手で制し、イエスの復活と自らの回心、使命の目覚めについて話した。

それでも人々はパウロに対して「こんな男は生かしてはおけない」とわめき立てたため、パウロは最高法院で取り調べを受けることになる。

その後、ローマで裁きを受けるまでは、カイサリアで監禁されてとどめられることになった。

カイサリアのアグリッパ王はパウロの話に興味を持ち、パウロを見に行った。そして、パウロはここにおいてもまた、弁明すると同時に王に信仰を勧めるのだ。王が「短い時間で私を説き伏せて、キリスト信者にしてしまうつもりか」と問うと、

「短い時間であろうと長い時間であろうと、
王ばかりでなく、今日この話を聞いてくださるすべての方が、
私のようになってくださることを神に祈ります」
と、はっきりと返した。

その後、パウロはローマへ送られ、二年間監禁の身となる。だが、そこでは兵士の監視はあったものの、自分で借りた家に住むことができ、何の妨げもなく自由にさせてもらえた。そこで、ローマ到着の三日後にはユダヤ人を招いて宣教し、訪問してくる人を歓迎しては神の国を宣べ伝え、イエスについて教え続けた。

その後は、ネロ帝によって処刑されたとも、ネロ帝の時代より前に処刑されたとも言われている。

イエスのためならば命さえ惜しまず

本当は、エルサレムに行く前から、パウロは自らの運命を知っていたのだろう。少なくとも、いつも伝道によって死ぬ覚悟はできていた。

第三回伝道旅行で二年ほど過ごしたエフェソでは、教会の長老たちを集め、こう別れを告げている。

「今、私は、〝霊〟に促されてエルサレムに行きます。そこでどんなことがこの身に起こるか、何も分かりません。ただ、投獄と苦難とが私を待ち受けているということだけは、聖霊がどの町でもはっきり告げてくださっています。

しかし、自分の決められた道を走りとおし、
また、主イエスからいただいた、
神の恵みの福音を力強く証しするという任務を果たすことができさえすれば、
この命すら決して惜しいとは思いません」

（使徒言行録20章）

その後に寄った、エルサレムの少し北にあるカイサリアでは、ユダヤから来た預言者が、パウロの帯を取り、それで自分の手足を縛って、「聖霊がこうお告げになっている。『エルサレムでユダヤ人は、この帯の持ち主をこのように縛って異邦人の手に引き渡す』」と言った。カイサリアの人々もこの預言者と一緒になって、エルサレムへは上らないようにと、パウロに頼んだ。

しかし、パウロはこの時も、こう答えた。

「泣いたり、私の心をくじいたり、いったいこれはどういうことですか。
主イエスのためならば、
エルサレムで縛られることばかりか死ぬことさえも、
私は覚悟しているのです」
（使徒言行録21章）

このパウロの不惜身命の信仰と情熱が、世界を変えた。イエスの伝道活動の期間がわずか三年でありながら、キリスト教が世界宗教へと飛躍したのは、間違いなく、パウロの活躍が最初のきっかけだったと言える。それほどまでに信仰とは偉大な力を持っている。

（注）ギリシアの最高議会が招集された広場。

〔主な参考書籍〕

『新約聖書』（新共同訳）
『新約聖書ものがたり』ジャック・ミュッセ著
『続　余の尊敬する人物』矢内原忠雄著
『パウロ』八木誠一著
『使徒パウロ』佐竹明著
『聖書を読み解く』山形孝夫著
『パウロとペテロ』小河陽著
『愛、無限』大川隆法著

第三章
世界の果てまで伝えたい

日本にキリスト教を伝えた
【ザビエル】

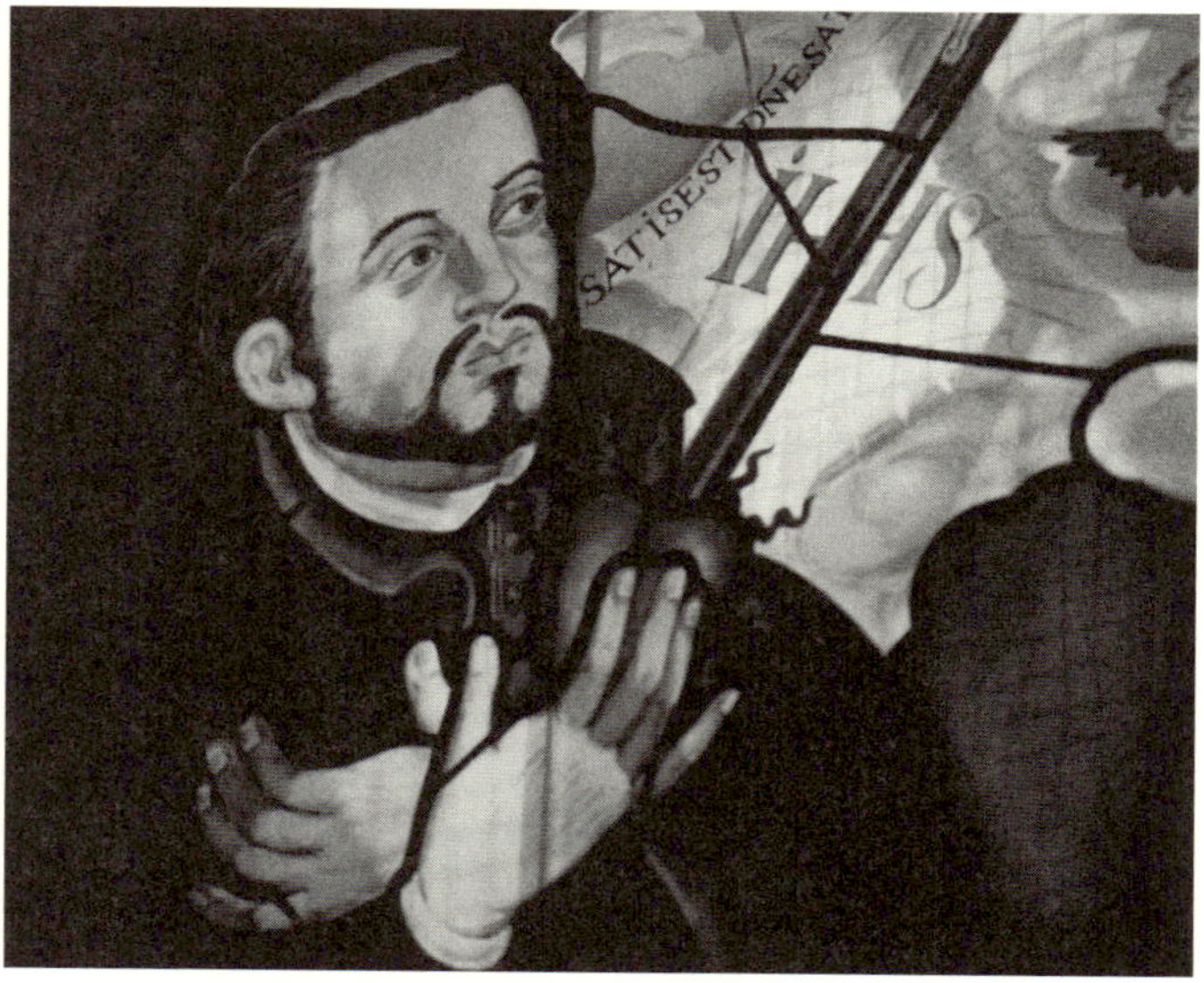

「私を遣わしてください」

「私は天と地の一切の権能を授かっている。
だから、あなたがたは行って、すべての民を私の弟子にしなさい。
彼らに父と子と聖霊の名によって洗礼を授け、あなたがたに命じておいたことを
すべて守るように教えなさい。
私は世の終わりまで、いつもあなたがたと共にいる」

（マタイによる福音書28章）

イエスが十字架にかかって後、〝復活〟を果たして弟子の前に姿を現した時に、告げた言葉だ。

以来、弟子たちは、イエスの言葉を世界中に広めるべく、布教活動を展開する。

そして、約一五〇〇年後、イエスの「福音伝道を弟子の使命とせよ」という最期のメッセージに応えるべく、一人の男がアジアへと旅立った。

日本にキリスト教を伝えたフランシスコ・サビエルだ。

きっかけは、ポルトガル国王のジョアン三世（敬虔王《けいけんおう》）が、ローマ教皇のパウロ三世に、植民地の東インドにキリスト教を布教しようと、イエズス会士の派遣を要請したことだった。

イエズス会を創設して間もないイグナチオ・デ・ロヨラは、教皇の意を受けてわずか六人のイエズス会士の中から、二人のメンバーを選んでインドに派遣することにした。

しかしその二人は病に倒れ、行くことができない。そこで、ロヨラは信頼するザビエルに事情を話して、どうすべきなのか、相談を持ちかけた。

するとザビエルは、即座にこう答えたという。

『霊操』の著者としても有名なイグナチオ・デ・ロヨラ。
ザビエルを宣教師の道へと導いた。

「私を遣わしてください」

こうしてザビエルは二度と帰ることのない宣教の旅に出かけることになったわけだが、なぜザビエルはこのような決意を即座に固めることができたのか。

その背景にあるのが「霊操《れいそう》」だ。

「霊操」により、神に仕える覚悟を固める

「霊操」とは、イエズス会の創始者であるロヨラが自らの霊的覚醒の体験を体系化した、霊性を磨く四週間にわたる修行のこと。

一週目は、自らの過去に犯した罪を悔い改め、地獄について黙想する。

二週目は、イエスの救済活動について黙想する。
三週目は、イエスの生涯について振り返り、黙想する。
四週目は、イエスの復活について黙想する。

まず自らの罪を浄化し、次に、イエスの活動を振り返ることで自らの歩むべき道を照らし、最後に神と自己とを一致させていく。その結果、神の意志に基づいて生きていく決意を固めていくのが霊操だ。

ザビエルは、三〇日にわたる霊操によって、生まれ変わり、大いなる神の栄光のために、イエスが求めるところなら、どこへでも行って働こうという意志を固めていた。

そこでインド派遣の話が持ち上がったので、「それなら、私が行きます」という話になったのだ。

インドで数万人を信者にしたザビエル

ザビエルというと、日本での布教活動が有名だが、インドにおける布教活動も凄《すさ》まじいものがあった。

ポルトガルのリスボンを出帆して一年一カ月後、インドのゴアに着くと、カリカット、コーチン、コモリン岬、さらに西海岸に回って、ツチコリン、セイロンと精力的に布教する。

それは次のようなやり方だった。

まずポルトガル語の分かる現地人を探す。

次に神の教えを分かりやすい現地語に翻訳する。

その現地語を暗記する。

そして、鐘を鳴らしながら、現地を歩き、人を集める。

神の教えを説く。


これをひたすらに繰り返すのだ。

その結果、コモリン岬では二万人以上の現地人がザビエルから洗礼を受け、トラバンコールでは、わずか一カ月で一万人の信者ができたという。テレビも新聞もない時代に、口伝えの伝道であげた成果としては驚異的な数字だ。


しかし、インドでの布教が軌道に乗ってきたところで、ザビエルは突然マレー半島のマラッカ行きを決意する。

ある夏の日、神に深く祈りを捧げていると、突如「神の思《おぼ》し召しがあった」という。

それで、いても立ってもいられなくなったのだ。

「もし、行かなければ、自分は償うことのできない大罪をおかすことになります。もしマラッカに行くポルトガルの船がなければ、イカダに乗ってでも自分は行くつもりです」

結局、ザビエルは、その年の秋にマラッカに向かった。そこを拠点にしてジャワやフィリピンの南にあるモロ島などに出かけて東南アジアを精力的に布教して回った。

モロ島は、神父が原住民に毒殺されるという事件が起きた危険な場所だったが、自ら進んで布教に出かけている。

その間、こんな伝説が残っている。

ある航海で、嵐に遭遇して沈没の危機に陥った時に、ザビエルが十字架を海にひたして祈ったという。祈りが届いたのか、嵐はやんだが、紐が切れて十字架が海中に沈んでしまった。

しかし、その後、ザビエルが海岸を歩いていると、波間から一匹の蟹が十字架を挟んで現れ、それを置いて海中に戻ったという。


このマラッカで、ザビエルは一人の日本人と運命的な出会いを遂げる。日本人の名はヤジロウ（アンジロウとも呼ばれる）。薩摩出身の貿易商人で、人を殺して国外に逃亡したものの、罪の意識にさいなまれ、有名な宣教師であるザビエルに会いたがっていた。

ザビエルは、ヤジロウに会って、「日本人とはこんなに知識欲が旺盛なのか」と深い驚きを覚えると同時に、何としても日本に行って宣教したいという思いが抑え切れなくなってしまう。

石を投げられ、唾を吐きかけられながら、説教を続ける

二年後、ザビエルは、日本への布教を「神から与えられた使命」と思うようになり、自ら日本に布教に赴くことを決意する。

「日本の人々は非常に知識を求め、神のことについても、その他自然現象についても新しい知識を得ることを切に望んでいるそうです。このような知識欲に燃える日本人の間に、私たちイエズス会員がその活動によって霊的な成果をあげておけば、彼らは自分たち自身の力で持続してゆけるだろうと思います。私は内心の深い喜びをもって、日本へ行くことを固く決心しました」（イグナチオ・デ・ロヨラ宛の書簡）

実際に鹿児島に上陸して三カ月ほど経った後、日本人と接触してみての感想を次

のように仲間への手紙で書き綴っている。
「私たちが今までの接触によって知ることができた限りにおいては、この国民は、私が遭遇した国民の中では、一番傑出している。私には、どの不信者国民（キリスト教国でない国の国民）も、日本人より優れている者はないと考えられる」

鹿児島では、ヤジロウの家で歓迎された。朝から晩まで多くの人がザビエルを〝見物〟に来た。ヤジロウはキリスト教の話をして、家族や親戚、知人たちを次々と改宗させた。領主の島津貴久もザビエルに興味を持ち、キリスト教の話を聞いた後で、宣教の許可を出した。

ザビエルは、イエスの生涯やキリスト教の教理の要点を記した「信仰箇条の説明書」の日本語訳を作成し、これを使って鹿児島で布教を開始する。
ザビエルたちが住んでいた家主の婦人をはじめ、近くの城の家老とその家族や家臣などに次々と洗礼を授けた。

結局、鹿児島に滞在していた一年ほどの間に、約一〇〇人を伝道する。

しかし、ザビエルの伝道が進むにつれて、仏教の僧侶たちは反発し、領主の島津貴久にキリスト教の禁令を要求。貴久はその要求を呑まざるを得なくなり、キリスト教の禁止に踏み切ってしまった。


しかし、ザビエルは挫けない。鹿児島で禁教になったことを機に、都に上って天皇に布教の許可をもらい、日本全国にキリスト教を広める決意を固める。

それで、仲間と共に鹿児島を去って、ひとまず長崎の平戸に向かう。

平戸では、二カ月ほどの滞在だったが、そのわずかの期間に約一〇〇人に洗礼を授けた。

その後、山口に向かうが、その旅は困難を極めた。

深い雪の中を重い荷物を背負って山を越えていくため、途中で倒れたりしたらしい。

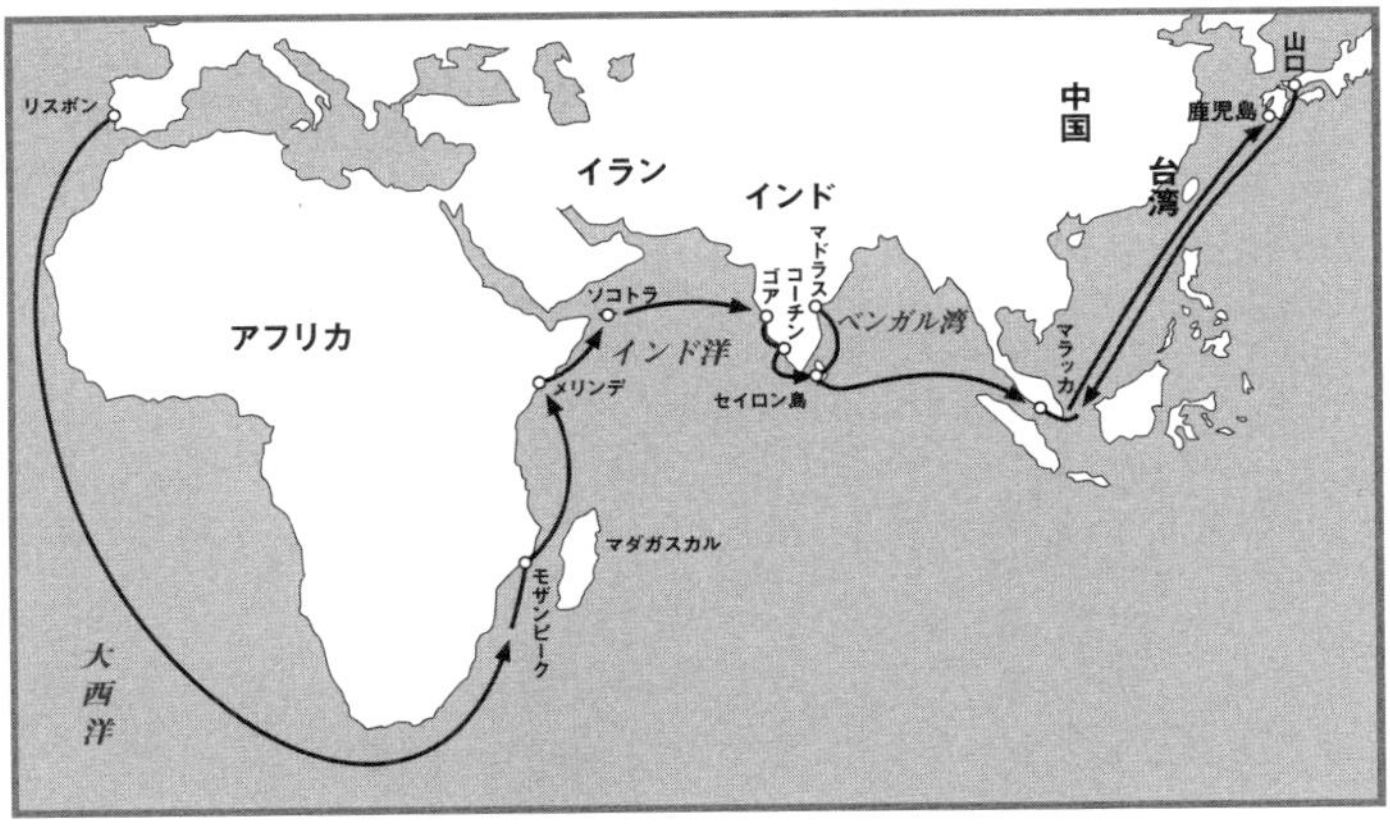

ザビエルの東方伝道の軌跡。冒険家と見まがうばかりの
移動距離だ。この間、数万人もの異教徒を伝道した。

また、ザビエルたちの姿は、珍しい格好と貧しい身なりをしていたため、路頭や広場で、子供たちから罵倒《ばとう》されたり、石を投げられたりした。

山口におけるザビエルたちの伝道方法は、「辻説法」だった。

一日に二回、リスボン出帆から一緒に行動しているフェルナンデスと共に街頭に立ち、「信仰箇条の説明書」を読み上げた。いち早く日本語を習得したフェルナンデスが読み上げ、ザビエルがその脇で静かに祈るというスタイルだったという。

あるときは、聴衆の一人がフェルナンデスに唾を吐きかけた。しかし、フェルナンデスは騒ぐことなく、静かに顔を拭って、そのまま説教を続けたという。その様子を見て、ザビエルが宿泊していた家主が心を打たれて家族と共に入信している。

その後、ザビエルは都に上って、やはり街頭で説教を試みるが、厳しい冬だったこともあって、人々の反応は鈍く、ほとんど何の効果もなかった。貢物を持っていなかったために、天皇に謁見《えっけん》する目的も果たせず、山口にむなしく戻るしかなくなった。

山口では四カ月半滞在したが、その間にキリシタンになったのは約五〇〇人。その中には、目の不自由な琵琶法師がいた。彼は後に正式にイエズス会に入会し、キリシタン大名として有力な信者になった高山右近や小西行長らを伝道している。

死の直前の三年間で七〇〇人を説教一本で信者にする

結局、ザビエルが日本に滞在したのは二年三カ月だった。その間、彼が信者にしたのは合計で七〇〇人ほどだった。それを、ほぼ説教一本で成し遂げたのだ。

再び日本に戻るつもりで、インドに戻ったザビエルは、その後、中国への布教を志すが、中国上陸を目前にして病に倒れ、四六歳で亡くなってしまう。

最後は、イエスの名を呼びながら息絶えたという。

インドで数万人を信者にした実績からすると、七〇〇人という数字はいかにも少なく、布教は失敗したと見る向きもある。

しかし、ザビエルがアジアへ福音を伝えようと志さなければ、日本にキリスト教や西洋の文物が伝わるのはもっと遅れたことは間違いない。

当時、日本というのは、ポルトガルから見れば、地の果てのさらに先の、まさに「極東」であった。

航海には危険が伴ったし、言葉も風習もまったく違った。しかもインドのような植民地と違い、支配階級の立場で入ったわけではない。権力の後ろ盾もなく、権威もまったく通じない土地で、毎日街頭に立って説教を続けるのは容易なことではなかっただろう。その間、仏教の僧侶から繰り返し論戦を挑まれたりしたが、誠実に立ち向かっている。

さらに、注目に値するのは、ザビエルがそれを行ったのは、その生涯の最後の三年という最晩年の時期であったということだ。日本滞在の間にザビエルの髪は真っ白になったという。

なぜザビエルは、異教の地で死の寸前まで、こんなにも布教の情熱を燃やし続けることができたのか。やはりそれは、伝道こそ神から与えられた使命だという確信がなしたものであっただろう。

〔主な参考書籍〕

『ザビエル』尾原悟著

『フランシスコ・ザビエル』谷真介著

『完訳フロイス日本史6　ザビエル来日と初期の布教活動』ルイス・フロイス著

第四章

生涯五万回の説教

メソジスト運動の提唱者

【ウェスレー】

私は全世界を私の教区とみなす

大きな業績を上げた人には、いくつかの共通点がある。

その一つは、〝突き抜ける〟瞬間があるということだ。

メソジスト運動を提唱したジョン・ウェスレーの場合、イギリス国教会で定められた教区での説教を禁じられた時がそうだろう。

彼は説教を禁じた司祭に向かってこう言った。

「聖書の神は、私の力に応じて、無知なる者を教え、悪人を改革し、徳ある者を確立することを命じている。

人は他人の教区でこのことをなすことを禁じている。

私がいま自分自身の教区を持たず、また今後も多分持たないとすれば、それでは実際にはそのことを全然しないことになる。

とすれば一体私は誰に従うべきであろうか？

神であろうか人であろうか？

私は全世界を私の教区とみなす。

私がそのどの部分に属しようとも喜ばしき救いの訪れを喜んで聞こうとするすべての人に宣教することは適当なことであり、正当なことであり、私に負わされた義務であると私は判断しているのである。

私はこのために私が神に召された者であることは知っている。

またこのことを行うならば神の祝福が伴うことを確信している」


ウェスレーは、この有名な言葉を発した時に、〝突き抜け〟た。

敬虔なクリスチャンであったウェスレーは、メソジストという新たな信仰復興運動を激しく展開していたとはいえ、なるべくイギリス国教会で説教する方針を貫いていた。

しかし、ウェスレーの活動が活発になるほど、教会側は反発し、雑誌や新聞も「落ち着きのない詐欺師」「非国教徒」「仮装イエス会員」「神学上の若いやぶ医者」などと罵倒した。

こうした批判を受けて、ウェスレーは「だったら、自分は好きな時に、好きな場所で説教する」と開き直ったのだ。

メソジスト運動は、まさにこの時から爆発的に広がっていくことになる。

ジョージア伝道の失敗によって回心する

ウェスレーがイギリスに生まれたのは一七〇三年、産業革命前夜の時代だった。長じるとオックスフォード大学で神学を学び、弟や学友と共に「神聖クラブ」と名づけた小さなサークルを始める。クラブでは、規則正しい信仰生活を送るための方法（メソッド）を重視した。それで彼らはメソジスト（几帳面屋、規則屋）というあだ名で呼ばれるようになった。

なお、ウェスレー自身によるメソジストの定義は、「聖書に命じられた規則に従って生活する者」というものだった。

一七三五年、ウェスレーと神聖クラブのメンバーは、アメリカのインディアンを伝道しようと、宣教師としてジョージアに向けて出発する。

しかし、二年四カ月かけたジョージア伝道は完全な失敗に終わってしまう。

その理由は、ウェスレーたちの規則正しい信仰生活が現地の大らかな人たちに受け入れられなかったことが一つ。そして、何よりも、ウェスレー自身が、実は本当の意味での信仰をつかんでいなかったことが大きかった。

ジョージアに向かう前に、ウェスレーは、友人に宛てた手紙で「私の（ジョージア行きの）おもな動機は、私自身の魂を救うという希望です」と書いている。

つまり、〝自分探し〟の旅に出ていたわけで、とても異教徒に福音を宣べ伝えて信者にするだけの説得力を持ち合わせていなかったのだ。

実際、イギリスに帰国した時に、日記にこう記している。

「他の人を回心させようとしてアメリカに行った時、私はまだ回心していなかった」

しかし、この失意の日々こそが、後の劇的な新生のための貴重な準備期間となる。イギリスに帰国してから三カ月ほど経ったある日、聖書研究のための小さな集いに出ていた時のことである。ルターのロマ書の序文を誰かが朗読しているのを静かに聞いていると、〝それ〟は突然、ウェスレーの身体を貫いた。

「九時十五分前頃、彼が、神がキリストを信ずる信仰によって与え給う変化について説明していると、私の心は不思議に暖められるのを感じた。

私は私がキリストを信じたと感じた。救いのために、ただキリストのみを信じたと感じた。

そして彼が私の罪を取り去られ、私を罪と死の法則より救われたとの確信が与えられた。

私は全力をこめて、特別に、私を悪し様《あざま》に取り扱い迫害した人々のために祈り出した。

それから、私は、そこにいたすべての人に、今初めて私の心に感じたことを正直に明かした」

堅苦しい〝規則屋〟から、霊的バイブレーションに満ちた説教師に生まれ変わった瞬間だった。

聖句を自在に引用して説教する

ウェスレーが霊的覚醒を果たすのと前後して、盟友のホィットフィールドと、弟のチャールズも回心を遂げていた。

そのため、彼らが各地で説教をするたびに、メソジスト運動は燎原の火のごとく広がっていくことになった。

ウェスレーの説教は迫力に満ちたものになった。ある説教では次のように説いた。

「世界は現在なんという状態にあることか！　暗黒、知的暗黒、無知が、悪徳と悲惨とを伴って、なんと地の全面を覆っていることであろう！

世界は三〇の地域に分けられ、そのうち十九はキリストに関して、あたかも彼が一度もこの世に来られたことがなかったと言えるほど、まったく無知なる異教の国々であり、残りの六つの地域は、回教国とみなされている。それで、三〇のうち五つの地域だけが、一応、名義上のキリスト教国なのである」

こう言って、世界にキリスト教を広げるべきことを力強く訴えた。

一方でウェスレーは、聖句を自在に引用しながら説教できる点に特徴があった。

「神はどこで見いだされるでしょうか。

求めるために、天に上り、地獄に下るべきでしょうか。『暁の翼をかって、海の果てに』（詩篇一三九9）まで求めて行くべきでしょうか。

いいえ、『あなたの求める者はここにいる』のです――一人の異邦人のペンから何というふしぎな言葉が発せられたことでしょうか。

神はあなたの床のそばにも、あなたの道のそばにもいらっしゃいます。

神は『前から後から取り囲み、御手を上に置かれ』（詩篇一三九5）ます。

見よ、神はここにいらっしゃいます。

遠く離れていらっしゃるのではありません。

街の辻で人々に向かって説教をするウェスレー。
馬に乗って巡回し、野外での説教を得意とした。

ですから、神を信じ、神をまぢかに感じなさい。

神があなたの心にご自身を今、あらわしてくださいますように。

神を知りなさい。神を愛しなさい。そうすればあなたは幸福になるのです」

暴徒に襲われながら説教を続ける

メソジスト運動がイギリス全土に広がるにつれて、迫害も激しくなった。

例えば、ウェンズベリーという町で弟のチャールズが説教すると、たちまち三〇〇人以上の会員ができた。しかし、それが国教会側を刺激することになり、ついに激しい暴力に襲われることになった。

チャールズが市場の建物の石段から説教していると、暴徒が襲いかかり、絶え間なく石を投げ始めたのだ。

幸い致命傷を受けることはなかったが、治安当局に保護を求めても取り合ってもらえない。

ウェスレーは報告を聞くや、自ら弟を助けに行く。

しかし、今度はウェスレーが暴徒に襲撃されてしまう。

樫の棒で打ち据えられ、引きずられ、胸や頭を殴られて、鮮血が飛び散った。

それでもウェスレーは「あたかも書斎に座っているかのように精神の平静を保つことができた」という。

そして、狂乱状態になる群集に向かって、「君たちは私が話すのを聞こうと思いますか」と問いかけた。

群集は「聞くものか！　聞くものか！　頭を打ちたたけ！　ぶっ倒せ！　すぐに殺してしまえ！」と叫び出した。

しかし、ウェスレーが大声で祈り始めると、状況が一変する。

暴徒の首領格だった拳闘家が、突然畏敬の念に打たれて、ウェスレーを振り返ってこう言ったのだ。

「先生、私は一生あなたのために尽くします！　私について来てください。そうすればここにいる一人だってあなたの髪の毛一本にもさわることはできないでしょう！」

すると拳闘家に同調する者が続々と現れ、ウェスレーを護衛する側に回ったかと思うと、暴徒たちを追い払いながら、安全な場所へと連れ出すことに成功する。ウェスレーの霊的威厳は、修羅場にあって、見事、敵の心を揺さぶる力を持っていたのだ。

三六万キロを歩き五万回の説教をこなす

こうしてウェスレーの教えは、炭鉱労働者、金属工、織工、農民など下層階級の間で広がっていった。

回心を遂げてからのウェスレーは、絶えずイギリス全土を旅行で回りながら説教を繰り返した。

たいていは朝の四時に起床し、働きに出る前の職人たちを相手に五時から説教した。終わると馬に乗って次の場所に向かう。

途中で人が集まりそうな場所を見つけると、馬を降りて、一人で賛美歌を歌った。何事かと人々が集まったところでまた説教するのだ。移動中は読書に励んでいたという。

ウェスレーが生涯で、伝道旅行で移動した距離は推定二二万五〇〇〇マイル、つまり三六万二〇〇〇キロにも及んだ。地球と月の距離が三八万キロであることを考えると、驚異的な移動距離だ。

アメリカから帰国した一七三八年以降、一日に少なくとも三~四回の説教をしたと伝えられており、最後の説教が八七歳の死の八日前だったことを考えると、生涯の説教回数はゆうに五万回を超える計算になる。

驚くべきことに、この絶え間ない伝道の合間を縫って、孤児院を設立して、貧者や浮浪児を救う活動もしている。

また、余暇の間に解剖学と医学、薬学を勉強し、病院を創設して自ら診察にあたった。

さらに、貧民のための銀行も設立。貧しい労働者を相手に低利で融資する事業も営んでいる。

加えて、生涯で四〇〇冊もの本を編集・執筆し、本の収益は三〇万ポンドに達したというが、そのほとんどを人に与えてしまい、自分が年三〇ポンドで質素に生活したという。

一七九一年に八七歳で亡くなった時、机の引き出しと洋服の中にわずかな小銭が残っていただけだったという。

まさに、伝道、伝道、伝道の生涯であった。ウェスレーの興したメソジストは今、世界のプロテスタントの中でも最も有力な宗派の一つとなっている。

〔主な参考書籍〕
『戦う使徒ウェスレー』メソジストの一伝道者著
『ウェスレー』野呂芳男著
『キリスト来臨の目的』ジョン・ウェスレー著
『霊的な礼拝について』ジョン・ウェスレー著

第五章

すべては神のために

アフリカ布教に命を賭けた

【リビングストン】

人々のために自分の人生を捧げよう

偉大なる事業を成し遂げて歴史に名を残す人は、決まって「断固とした強い信念」を持っている。リビングストンも、まさしくその一人である。

一九世紀当時、ヨーロッパでは一部を除いて、そのほとんどが知られていなかったため、アフリカ大陸は「暗黒大陸」と呼ばれていた。

リビングストンは、そのアフリカ大陸をヨーロッパ人で初めて横断した〝探検家〟として知られている。

だが、リビングストン自身は、自らをそうとは認めなかったし、あくまで探検は、目的ではなく、伝道のための手段であると主張した。そして、実際そうだった。

物心ついた時から、リビングストンはまさに〝人生すべて〟をキリスト教の伝道のために使った。

スコットランドの信仰心厚い両親のもとに育ったリビングストンは、一〇歳の頃から紡績工場で働く傍ら、聖書とラテン語の勉強に熱中した。

一九歳の頃、ある時リビングストンは、中国帰りの宣教師の話に深く感銘を受け、宣教師として中国に行くことを決意する。

「キリストの愛の灯火によって、人々の苦しみや悲しみを少しでも和らげるために、自分の人生を捧げよう」

この時から、リビングストンの人生は、もはや自分のための人生ではなく、イエスのため、人々のための人生となった。

当時、宣教師は、貧しい国に布教に行くのに医師も兼ねていなければならなかった。そのためリビングストンは、紡績工場での仕事を続けながら、稼いだお金で大学に通い、医学とギリシャ語、神学を学んだ。

その後、二七歳で医師免許を得るが、アヘン戦争が始まったため、中国行きが断念されてしまった。しかし、同年、南アフリカのクルマンに伝道所を開いている宣教師ロバート・モファットと出会い、リビングストンはアフリカ伝道に生涯の進路を決める。

二八歳の誕生日を目前に、リビングストンは、ロンドン伝道協会に医療宣教師として、正式にアフリカに派遣された。

限界を超えた伝道を目指す

だが、〝暗黒の大陸〟での伝道は、その名が暗示するとおり、常に死と背中合わせだった。

伝道の拠点として初めて腰を据えたある村で、リビングストンはさっそく、野生のライオンに襲われる。

左肩の骨を噛み砕かれたうえ、二の腕にはライオンの十一個の歯の跡が残った。それ以来、リビングストンの左の腕は、肩より上には上がらなくなった。だが、それほどの恐怖を味わっても、リビングストンの伝道にかける情熱はまったく冷めなかった。

傷の手当をしてもらいに、リビングストンはクルマンのモファットのもとを訪ねる。モファットは「過去五年間は現地人のキリスト教改宗者なし」という現状に、すでにクルマンより奥地への伝道はあきらめてしまっていて、リビングストンが奥地を目指そうとするのにも反対した。

それでも、リビングストンは、その反対を押し切り、むしろより一層〝他の人たちが限界としたところを超えた伝道〟を目指して、内陸部へと進むことを決心する。ちなみに、この時、モファットの娘メアリーと結婚し、メアリーもその後の伝道旅行についてくることになった。

リビングストンは、たどり着いた村々で礼拝を行いながら、伝道所を開くための衛生度の高い土地を探した。しかし、一向に適当な場所が見出せず、カラハリ砂漠を越えて、大西洋岸を目指すことにした。

その間、リビングストンはあまりに多くの苦難を経験する。

原住民からの襲撃

次女の死

妻子との別れ（メアリーと三人の子供をイギリスに帰す）

マラリアの激しい発作（九週間で七回）

原住民に説教するリビングストン。常に聖書を手に、
原住民の言葉でキリストの教えを伝えた。

高熱（少なくとも一〇回）

飢餓

赤痢

リューマチ

太平洋岸沿いの都市ルアンダにようやく到着した時には、もはや半死半生の状態だった。「顔は真っ赤にほてり、頭や胃はたえず破裂寸前に思えた」と、自身でも日記に記している。

これほどの苦難が襲いかかっても、リビングストンは決して信仰を失わなかった。むしろ、その信仰心は、自らの運命を神にすべて託すほどのものだった。

「もし、神が、私の努力を、正しい奉仕行為として受け入れてくださるなら、この生命だって、私が目的を果たすまで守ってくださるだろうからだ。

その点では、私は確信を持っている。
また逆に、神が助けてくださらなくなったら、私の生命はすでに意味のないものなのだ。死んだって、かまわない」

そしてまた、リビングストンを支え続けていたものは、聖書にあるイエスの言葉だった。

「私は世の終わりまで、いつもあなたがたと共にいる」（マタイによる福音書28章）

リビングストンは、毎晩、聖書を読み、信仰を確信し、どこまでもイエスのために生きようと誓った。

その後、今度はインド洋岸へ向かって出発し、約一年半かけてインド洋沿いのケリマネという小さな町にたどり着く。

こうしてリビングストンはヨーロッパ人で初めて、アフリカ大陸の横断に成功した。その距離はおよそ四五〇〇キロにも及ぶ。

奴隷売買を終わらせるための唯一の道

だが、決して大陸横断がリビングストンの目的ではない。

このアフリカ大陸横断中にリビングストンは、アフリカ人が捕らえられ、首に木をはめられ、数珠繋《じゅず》ぎにされて連れて行かれる場面に何度も遭遇する。

当時、ヨーロッパ諸国では、すでに奴隷売買を禁止し、奴隷制を廃止していたにもかかわらず、いまだアフリカ人は奴隷として売買され、ブラジル、キューバ、アメリカの南部諸州などに送られていたのだ。

奴隷売買をやっていた商人は、おもにアラブ人かスワヒリ人だが、彼らに奴隷を売るのは、同じアフリカ人だった。部族同士戦い、勝ったほうが負けたほうの捕虜を奴隷として売り、奴隷商人からわずかながらの対価を得ていたのだ。

この現実は、リビングストンにとって大きな衝撃だった。


リビングストンは、この奴隷売買をなんとか廃絶したいと考えていた。

そして、これを終わらせるには、ただ一つ、キリスト教文明をアフリカに導き入れることしかないと確信した。


ヨーロッパ人が自由にアフリカの内陸部に入りこめ、正しい通商貿易が盛んになれば、自然と原住民たちの生活も豊かになり、キリスト教も広がっていく。

そのキリスト教文明の精神、生活の仕方、働き方などのよい手本が奴隷売買を終わらせるだろう。

そのためには、アフリカを横断する通商路を見つけなければならない。

リビングストンは、そう信じて疑わなかった。

だから、リビングストンにとって大陸横断は、伝道のためにすぎなかったのだ。

それでも普通なら、あきらめてしまうところだろう。しかし、リビングストンの信念はあまりに強固だった。

「生命のあるかぎり、前進あるのみ。私は立ち止まらない」

その言葉通り、リビングストンはただひたすらに進んだのだ。

最期まで宣教師として

リビングストンは三回にわたるアフリカ探検を行い、二度イギリスに帰還する。最初のイギリス帰還の際、東アフリカおよび中央アフリカ調査探検隊隊長に任命された一方、ロンドン伝道教会を退会してしまった。そのため、その後の二度のアフリカ行きは探検隊としてであったと言えるかもしれない。

だが、リビングストン自身は、やはり宣教師としてアフリカに行った。

三度目のアフリカ行きは、南アフリカの分水界の調査を依頼されたことによるものだったが、そのときも、「ただ単に地理学者として行く気はありません。宣教師として行き、そのついでに地理学をやるのです」と、旧友への手紙に書いている。

そして、最期の瞬間まで常にイエスと共にあろうとした。

六〇歳の誕生日を迎えて一カ月半ほどが過ぎた、ある日の夜明け前、リビングストンと共に探検をしていたアフリカ人、チェマとスシは、自分たちを呼ぶリビングストンの声を聞いた気がして、急いで駆けつけた。

リビングストンは、ベッドの横にひざまずき、祈りのために組み合わせた両手の上に頭をのせていた。

その祈りと共に、魂をも天に届けて——。

二八歳の誕生日の直前にアフリカに到着してから、六〇歳でその人生を終えるまで――その間約二年間のイギリスへの帰還があるが――リビングストンはまさにその半生をアフリカ伝道に捧げた。

その生き方は、ある時イギリスの父に宛てた手紙がすべてを表している。

「神は、一人子イエス・キリストをつかわされました。イエスは宣教師であり、医師でもあられました。私は、取るに足らない人間ではありますが、精一杯イエスに倣いたいと思います。宣教師として、医師として、全身全霊、伝道のために生き、伝道のために死にたい。切に、そう願っているのです」

死後に実現した信念

リビングストンのアフリカ伝道は、決して成功だったとは言えない。

原住民には、彼らなりの自分たちの神があり、白人の神など必要なかった。

だからこそ、リビングストンはアフリカ中央部に交易ルートを開き、キリスト教国との貿易を盛んにすることで、キリスト教とその文明を根づかせたいと考えた。

だが、リビングストンがアフリカ中央部のルートを開拓したことは、かえって彼が廃絶を訴えていた奴隷売買を活発化させてしまった。


リビングストンの影響力は、むしろその死後において、効果を見せた。

イギリスに帰還した際に出版した二冊の著書や講演、アフリカからの報告の手紙は奴隷売買の実態を世界に知らしめた。著書の一作目は、当時としては桁外れの七万部を売り上げてベストセラーに、二作目も出版当日に約五千部と飛ぶように売れた。

奴隷売買の根拠地となっていたザンジバルでは、二回目の探検を共にしたジョン・カークが領事になっていて、彼の圧力によって、ザンジバルの首都における奴隷の大市場は閉鎖された。そうして、何年もしないうちに、アラブの奴隷売買は終わった。

その後、商人たちが合法的な交易の発展のために、道路や鉄道を敷いたことで、アフリカには続々と伝道所が立てられ、宣教師が送られるようになった。彼の著書に触発されて、宣教師を志す若者も増えたと言われている。

死後一世紀足らずのうちには、リビングストンが拓いていったアフリカの森や沼

ジンバブエに建てられているリビングストン像。アフリカ大陸横断中に、ヨーロッパ人として初めてモシ・オ・トゥニャ滝を発見し、当時のイギリス女王にちなんでヴィクトリア滝と名づけた。

地や砂漠の広大な地域に、教会や大聖堂が建てられ、アフリカ人の牧師や信徒たちが増えていった。

リビングストンの名にちなんだ都市もできた。ザンビアのリビングストン、マラウイのリビングストニアがそうだ。

こうして、リビングストンの断固とした強い信念は、死してなお、それを実現してみせたのだった。

〔主な参考書籍〕

『有島武郎全集　第1巻』有島武郎著
『世界の伝記48』野火晃著

『リヴィングストン』エルスペス・ハクスレー著
『暗黒とのたたかい　リビングストン』ジャネット＝イートン著

第二部

仏教

プロローグ

釈尊は、智慧と慈悲の方だった。

ある男たちは、かつての修行仲間であった釈尊を軽蔑していた。

しかし、釈尊は、彼らを教え諭し、悟りに導いた。

ある男は、堕落した生活を送る自分に嫌気がさし、悩んでいた。

しかし、釈尊は、その男を教え諭し、悟りに導いた。

ある男は、多くの人を殺《あや》め、人々を恐怖に陥れた。

しかし、釈尊は、その男を教え諭し、悟りに導いた。

ある群賊五〇〇人は、人民を掠《かす》め、略奪の限りを尽くしたため、王命により死刑になった。

しかし、釈尊は、その群賊を教え諭し、悟りに導いた。

ある女は、どうすれば女も悟ることができるかで深く悩んだ。

しかし、釈尊は、その女を教え諭し、悟りに導いた。

ある女は、最愛の息子を失って嘆き悲しんでいた。

しかし、釈尊は、その女を教え諭し、悟りに導いた。

ある男は、不注意から釈尊に毒キノコを食べさせてしまった。

しかし、釈尊は、その男を教え諭し、悟りに導いた。

ある男は、長年釈尊のそばで修行しながら悟りを開くことができなかった。

しかし、釈尊は、その男を教え諭し、悟りに導いた。

釈尊はついに、一人として見放すことなく、相手の機根に合わせて法を説き、悟りの道へと導いた。

人々は、そんな偉大な智慧を持つ釈尊と出会って、深く帰依し、魂が救われていった。

釈尊の説いた八万四千とも言われる法は、今日に至るまで多くの人々を照らした。

第一章

一切の衆生を救わん

【釈尊とその弟子たち】

釈尊の伝道宣言

「修行僧たちよ。

私は神々および人間たちのあらゆる束縛から自由になった。

修行僧たちよ。

汝たちもまた神々および人間たちのあらゆる束縛から自由になった。

修行僧たちよ。

遍歴に出るがよい。衆生の利益のため、安楽のため、世をいつくしむため、人々と神々の利益、安楽のためである。同じ道を二人でいっしょに行くな。

修行僧たちよ。はじめよく、なかほどよく、おわりもよい法、内容も言葉もそなわっている法を説け。

安全できよらかな修行生活を示すがよい。世の中にはけがれの少ないものがいる。

彼らは法を聞かなければ退歩するが、聞けば法を悟ることができるはずである」

これは釈尊による「伝道宣言」として知られる有名な言葉だ。

一般に、仏教というと、修行や教学の印象が強く、伝道のイメージが弱い。

しかし、山ごもりをして修行しているだけで、仏教が世界宗教になるはずがない。誰かが伝道しなければ、インド、そして、中国、日本と教えが広がるはずはなかった。

キリスト教の場合、イエスが十字架にかかって後、復活を遂げ、「あなたがたは行って、すべての民を私の弟子にしなさい」と告げたことで弟子たちが目覚め、大伝道が始まったが、仏教の場合、少し様子が違う。

釈尊が、悟りを開いて後、ただちに自らが伝道に励んでいる。

釈尊は、菩提樹の下で悟りを開くと、しばらく法を説くのをためらったという。

「せっかく甚深《じんしん》微妙の法を発見したが、これはきわめて難解であり、普通の理解力

釈尊が悟りを開いたと伝えられるブッダガヤ。
仏教の聖地として、今なお巡礼する人たちが絶えない。

の及ぶところではない。ただ仏陀のみが知り得るところである。もしこの法を説いたところで人々は理解しないし、法は不当に放棄されることになるであろう」と考えたからだ。

しかし、神々は釈尊が悟りを開いたことを知って、説法を始めるように説得を始める。

帝釈天は、「智慧の光で世の闇を照らしませ」と頼み、梵天は、「法を説きなせ、必ずや悟るものがいるでしょう」と説得した。いわゆる「梵天勧請《かんじょう》」と呼ばれるエピソードだが、これを受けて、ようやく釈尊は説法の決意を次のように固める。

「私は汝の請いをいれて
甘露を雨のように降らせよう。
すべての世間のものたち
神々も人々も竜神も

信仰あるものは
この法を聴くがよい」

自ら伝道に邁進する釈尊

釈尊はまずかつて師と仰いだ二人の仙人に法を説こうとするが、すでに二人とも亡くなっていると知って、苦行を共にした五人の仲間に会いに行こうとする。途中で一人の苦行者に会って、「私は仏陀である」と言ったが、相手は聞く耳を持たずに立ち去ってしまう（後に仏縁を得て悟りを開いたという話もある）。

それで予定通り、五人の修行仲間に向かって、初めて法を説く。いわゆる初転法輪《しょてんぼうりん》と呼ばれる、中道と八正道を説いた有名な説法だ。これを聴くと、五人はたちまち悟りを開いて阿羅漢（注）になったという。

釈尊は、最初の説法（初転法輪）で、早くも四諦・八正道という仏教の中心思想を打ち出した。当時の聴衆はわずか5人だが、その内容は2500年以上も人々を照らし続けた。

釈尊は朝早く起きて散歩（経行《きんひん》）する習慣があったが、ある日、ヤサという一人の青年と出会う。

青年は「ああいやだ、情けない」と繰り返し叫びながら歩いていたので、釈尊は呼び止めて、「汝のために法を説いて聞かせよう」と言って、説法をした。

青年は上流階級の子息で、女性のことで悩んでいたが、説法を聴くや、その教えの素晴らしさを悟り、弟子になって出家することを決意する。

さらに、翌日は自宅に招待して、説法をしてもらい、ヤサの家族も信者となる。するとヤサは、今度は上流階級の友人たちも巻き込み、結局、親友四人と、知人の五〇人が集団で信者となって出家する。

みな悟りを開いて阿羅漢になったので、この時点で阿羅漢となった出家者は釈尊を含めて六一人を数えた。

この時に、六〇人の弟子を集めて放った言葉が、本章の冒頭で紹介した「伝道宣言」だ。

したがって、仏教は、最初から釈尊自らが伝道に努め、弟子にも布教活動を呼びかけていたことが分かる。

この釈尊の伝道宣言を受けて、六〇人の弟子たちは、それぞれ手分けをして、伝道活動に邁進《まいしん》することになる。

マガダ国最大の教団をただ一人の伝道で創り上げる

弟子たちを伝道に送り出してからも、釈尊の伝道への情熱は衰えない。

当時の有力国の一つであるマガダ国に一人で布教に向かうが、途中で出会った上流階級の青年たち三〇人に、「そこに座るがよい」と言って法を説き、その場で出家させてしまっている。

さらにマガダ国に着くと、当代一番と言われる有名な宗教家であるウルヴィルヴアー・カーシャパという人を訪ねる。

そこで釈尊は、様々な神通力を発揮し、カーシャパの本心を見抜いたり、火を熾《おこ》したり、洪水を防いだりした。カーシャパと神通力合戦をしたわけだ。最後は「カーシャパよ、汝は阿羅漢でもないし、まだ阿羅漢の道にも達していない」と、ズバッと折伏《しゃくぶく》をしている。

この時、カーシャパは素直に「釈尊にしたがって出家させていただきたい」と言って降参している。

すると、カーシャパの弟子たちも、「先生がそうなさるなら、私たちも」と言って、五〇〇人が一度に出家してしまう。

カーシャパには二人の弟がいて、それぞれ三〇〇人、二〇〇人の弟子を持っていたが、彼らも長兄が釈尊に降参して出家してしまったことに影響を受けて、やはり丸ごと帰依し、出家する。

こうしてカーシャパ三兄弟の教団一〇〇〇人がほとんど同時に出家し、釈迦教団は一気に膨れ上がる。

もともとカーシャパの教団は、マガダ国最大の宗教であったため、この時点で釈迦教団はマガダ国最大の規模になったことになる。

注目すべきは、ここまでを釈尊がほとんどただ一人で、伝道しているということだ。

また、ここに到るまでの釈尊の行跡を見ると、会う人、会う人に、片っ端から法を説き、相手を悟らしめ、出家させていることが分かる。

しかも、一〇〇〇人を超える出家者がいたということは、それに数倍、十数倍する在家の信者がいたことになる。でなければ、托鉢《たくはつ》によって生活が維持できないからだ。インドで生活慣習として修行者に托鉢する文化が根づいていたとはいえ、短期間にこれだけの出家僧を抱えることができるほどに教団を成長させたということは、どれだけ伝道に熱心に取り組んでいたかがうかがえる。

仏弟子たちも悟りの力で伝道する

釈尊の伝道には、一つの特徴がある。単に法を説いて信者にするというだけでなく、相手の悩みを見抜き、それを解決し、悟りへと導いていった点だ。

だから、釈尊の法を聴いて、弟子となって出家した僧たちは、修行を重ねていくことで、執着を離れて阿羅漢になる者が続出した。

阿羅漢になる者の多くは、神通力を得て一種の奇跡を起こせるようにもなり（釈尊はその濫用《らんよう》を戒めた）、身体からは光を放ち、皮膚の色は澄み切るようになったと言われる。

そうした力を得ることによって、仏弟子たちも伝道で大きな成果を上げるようになる。

例えば、最初の説法で出家した五人のうちの一人であるアッサジの場合。彼が托鉢中にサンジャヤという宗教家が率いる別教団の幹部と会う。その幹部は、アッサジに会うや、「このような修行者を見たことがない。世の中には聖者と呼ばれる人がいると話に聞いているが、この人こそその一人に違いない」と感銘を受ける。

それでアッサジが托鉢の終わるのを待って話しかけ、「師は誰か、何を説くのか」を聞いた。

あまりに熱心に聞くので、アッサジがそれに答えて、「ものごとは原因があって生じる。その原因を如来は説いた。そしてまたその滅却をも偉大な沙門《しゃもん》はこのように教えた」と簡単に説明した。

すると、これだけの説明で、その幹部は教えの素晴らしさを確信し、「これだけ聞けば十分です。私たちの師はどこにいらっしゃいますか」と言って、すぐさま入信してしまった。

さらに、その幹部は、釈尊の説法を直接聴いていないにも関わらず、自分の友人を伝道しようと試みる。友人は、話を聞くと、すぐさま本物の教えだと確信して入信する。

それだけでなく、今度はその二人は、自分たちの教祖であるサンジャヤにも入信を勧める。

さすがに、サンジャヤは「今さら他人の弟子になるわけにはいかない」と断る。

しかし、二人はめげず、今度はサンジャヤの弟子五〇〇人を口説き、その半分の二五〇人の弟子たちを説得して、釈尊に帰依するように勧める。

こうして二五〇人のサンジャヤ教団の弟子たちは、連れ立って釈尊の下に向かい、揃って説法を聴いた。すると全員が一度の説法で阿羅漢になったという。

この釈尊に会わずして、入信し、伝道したのは、シャーリプトラ（舎利弗）とマウドガリャーヤナ（目連）の二人で、後に二大弟子と言われるようになる。

弟子たちも、その宗教的感化力、つまり一種の悟りの力によって、次々と伝道し、俗に「仏弟子一二五〇人」と呼ばれる大教団を形成するに至ったのだ。

幾多の迫害を乗り越えて

その後、釈尊の教団は、諸国の国王や富豪、貴族、一般市民たちを次々と伝道し、複数の国をまたいで活動する〝世界宗教〟と化していった。

その過程では、仏教の急速な拡大を妬む他教団からの様々な迫害もあった。

ある異教徒は、チンチャーという女性修行者に「ゴータマ（釈尊）の子を宿した」という偽りを言わせ、釈尊の信用を失墜させようとしたが、結局、そのウソがばれて、かえって釈尊の教団の信用はますます高まった。

また、ある時は、スンダリーという若い女性の修行者を殺害して、釈尊の教団の仕業に見せかけようとしたが、これもウソがばれて失敗する。

さらに、ダイバダッタという教団幹部が釈尊を裏切って、マガダ国のアジャータシャトル王と組んで教団乗っ取りを図ろうとした事件も起きたが、これも失敗に終わっている。

ダイバダッタは後に独立して別の教団を創り、アジャータシャトル王はこれを優遇したが、アジャータシャトル王は途中で気が変わって、やはり釈尊を信仰することにした。

有力な庇護者を失ったダイバダッタは、このことを逆恨みして、たまたま通りかかったウッパラヴァンナー（蓮華花尼）という尼僧を殴り殺してしまう。

ウッパラヴァンナーは、死の直前、後輩の尼僧に向かって、「生きているものは必ず死ななければなりません。ものにはすべて我というものはないのです。あらゆる悩みを超えたところに絶対に静かな境地があります。みなさんも善い行いをするために努力を続けてください。ダイバダッタはまた大きな罪をつくってしまいました。

ではさようなら。私の入滅の時が来ました」と言って、淡々と殉教する。二大弟子の一人であるマウドガリャーヤナも、托鉢している最中に他教団に襲撃され、命を落としている。

こうしてみると、仏弟子たちも、キリスト教徒に劣らず、幾多の困難を乗り越えて、修行によって得られた悟りを武器に、命がけで脈々と法を伝えていったことが分かる。

その出発点になったのは、やはり釈尊自身の伝道への情熱だろう。

「すべての世間のものたち、神々も人々も竜神も、信仰あるものは、この法を聴くがよい」という、はじめに伝道を決意した時の「一切の衆生を救わん」とした大慈悲心が、仏教をして世界を救う光としたのだ。

（注）四諦・八正道の教え、縁起の理法、無常観といったものを理解して悟り、
この世からの解脱をなした状態のこと。

〔主な参考文献〕
『新釈尊伝』渡辺照宏著
『釈尊をめぐる女性たち』渡辺照宏著
『釈尊の生涯』中村元著
『仏弟子の生涯』中村元著
『釈尊の生涯と思想』水野弘元著
『仏陀の証明』大川隆法著

第二章

弾圧に屈せず菩薩行を貫く

民間伝道と社会事業を進めた【行基】

「菩薩」と崇められる

「菩薩」とは、悟りを求めて自らの修行に励むとともに、仏の慈悲行を実践して衆生を救おうとする者のことを言う。

行基は、当時では稀な、生きながら「菩薩」と称された存在だった。その理由は、行基の生き様がまさに菩薩そのものだったからだ。

行基の伝道と救済活動のやり方は、師である道昭の影響を強く受けている。道昭は、遣唐使の一員として入唐し、玄奘《げんじょう》三蔵に師事する。そこで教わった大乗仏教の利他行の実践や伝道のために、日本に帰国後、弟子を連れて全国を遊行して法を伝え、各地で土木事業を行い、民衆の生活に奉仕した。道昭のこの民間伝道と社会事業活動というスタイルは、当時、仏教では新しいもので、行基も道昭に随従して回り、土木事業の技術を学んだ。

また、行基は『成唯識論《じょうゆいしきろん》』と『瑜伽師地論《ゆがしじろん》』を道昭から学んで読了した。『成唯識論』では、小乗戒と対照的な大乗戒の菩薩的行動が重んじられており、『瑜伽師地論』では、無量の衆生を教化して苦を寂滅することが強調されている。行基が読了したのは一五歳の出家してまもなくのことであり、この教えを行基はその後の活動のベースにしている。

だが、行基はこの官寺での修行が三年ほど経つと、忽然《こつぜん》と消息を絶ってしまう。一八歳から三七歳まで「山林に棲息《せいそく》」していたという。

おそらく、その山林修行で行基は悟りを得、神通力を身につけたのだろう。

『日本霊異記《りょういき》』には行基が神通力を持っていたことを裏づける物語がいくつか載っている。

故京（藤原京）本元興寺での法会《ほうえ》の際、聴衆の中に一人の女性がいた。行基は、その女性の髪に塗っていた油が実は猪の血であることを見破る。これは、生きている人のオーラや憑依《ひょうい》している霊を透視する能力、「天眼《てんげん》」を意味する。

難波で船津を造っていたときに開かれた集会の説法では、ある女性の連れていた子が泣きわめいたため、みな説法が聞こえなかった。行基は、その子は前世で彼女に怨みを持った者が子供の形になって取り憑いていると見破る。これは、他人の運命、宿命、過去世が分かる能力、「宿命《しゅくみょう》」である。

知恵の高さで有名だった僧・智光は、行基に嫉妬して悪口を言っていたが、ある時死んでしまう。そこで阿鼻地獄を経験し、悪口を言った罪を償わされた。九日後に生き返ると、行基のもとへ謝罪に向かったが、智光が話す前に、行基は智光の思っていることを読み取った。これは、人の気持ちが手に取るように理解できる能力、「他心」だ。

こうした神通力は、菩薩の中でも上々段階以上の悟りを得た者が発揮できるとされている。

しかし、行基が菩薩と称されたのは、そうした霊能力よりも、むしろ利他の思いで行った伝道と社会事業という菩薩行に起因する。

民間伝道と社会事業へ

行基は三三歳の時に、師・道昭を失う。行基は、今後歩むべき道について考えた。

道昭の死の二年後には大宝律令が実施されるが、それによって政府の取り立ては一層厳しくなり、民衆の生活はますます苦しくなっていた。

行基は豪族の出身だったため、官僧として栄達を望むこともできたが、そうした社会の現状を見て民間伝道を始めることにした。その様子は、『続《しょく》日本書紀』にこう記してある。

行基は都や地方を周遊して衆生を教化した。出家者も俗人も、行基の教化を慕って追従する者が多く、その数は千人単位に及ぶこともあった。行基の行くところ、行基が来ることを聞くと、街路から人影が消え、争い集まってきて行基を礼拝した。行基は各人の個性に応じて仏の道を説いては、善なる方向へ導いた。

こうした行基のカリスマ性は、先に記したような神通力を持っていたからということもあるだろう。

しかし、行基は霊能者として民衆の要求に応えるのではなく、あくまでも教化者・説法者として、民衆に対して、三宝に帰依し、慈悲を実践することを勧めた。

大宝律令実施の六年後には、藤原京から平城京への遷都の詔が出され、その造営のために民衆の納税と労役の負担はさらに重くなり、造都の現場から逃亡したり、都から郷に帰る途中で餓死する者も少なくなかった。

こうした人々を救うために、行基は伝道とともに社会事業を進めた。山陽道の要地に、調庸を都へ運ぶ運脚夫や都の宮殿・寺院の造営に従う役民の宿泊施設として布施屋を建て、食料を支給した。

さらに、こうした布施屋を拠点にして、行基は土地改良の工事を進めていった。左の数字は、行基の行った社会事業の数である。その数、只人では成し遂げられるはずもない。まさにここに多くの民衆に菩薩と崇められた理由がある。

僧院　三六
尼院　一三
橋　八
直道　一
池　一五
溝　六
樋　三
船息　二
堀　四
布施屋　九

ただ、こうした社会事業は当然、行基一人でできるものではない。農民が労働力となっただけでなく、豪族も行基を尊敬し、寄進などをして協力したのであり、いかに行基が民衆や豪族に慕われていたかが分かる。

十四年間も続いた弾圧

だが、民間で大きな影響力を持つ行基は、時の政府を脅かす存在となった。政府は行基の伝道活動を「僧尼令」違反として弾圧した。

僧尼令では、僧尼が所定の寺院以外で宗教活動することを認めず、民衆を教化する者は還俗《げんぞく》としていた。また、僧尼は禅行修道をして寺院に寂居し、国家の安穏を祈っていればよく、俗に交わってはいけないとも定めている。

しかし目の前の現実は、民衆は貧困と苦悩に苦しみ、救いを求めていた。

行基の学んだ『瑜伽師地論』では、民衆が王賊宰官に怖畏《ふい》するときは、菩薩は救護して安穏を得させようとし、民衆教化と社会事業はむしろ積極的に促されるものだった。

行基は、寺で修行を積んで教えを悟るだけでは、釈尊の弟子とは言えず、民衆を救う努力をしないことこそ菩薩行に反するとして、弾圧を受けながらも、伝道を決してやめなかった。行基は次々と道場（院と呼ぶ寺）を建立して伝道を続けた。弾圧は十四年続いたが、その間行基が造った道場の数はおよそ二〇にものぼった。

こうした行基の伝道と救済の情熱に加えて、弾圧の中心人物となっていた藤原不《ふ》比等《ひと》が病死したこともあり、行基に対する政府の態度は軟化姿勢に変わり始めた。

また、大地震が起こり、九州で発症した天然痘が日本中を襲い、旱魃《かんばつ》・飢饉《ききん》も広がるなどして、災いをおさめるための仏法の力が必要とされたことも、その変化の一因となった。

大仏造立とともに仏法を広げる

こうしたなか、世の混乱を嘆く聖武《しょうむ》天皇と光明《こうみょう》皇后は、国民を救おうと力を尽くしていた。

ある日、二人は娘の安陪内親王《あべのないしんのう》を連れて、気晴らしに河内（現在の大阪）に行幸した。そこで、民衆が建てた知識寺とその本尊である盧舎那仏《るしゃなぶつ》を拝した三人は感銘を受ける。聖武天皇は大仏造立への思いを募らせていった。

その後、光明皇后の甥である藤原広嗣《ひろつぐ》が九州で反乱を起こしたこともあり、国の乱れを憂いた聖武天皇は七四一年、日本国中に仏教を広めようと全国に国分寺と国分尼寺を造るよう命じた。

さらに七四三年、聖武天皇はいよいよ盧舎那仏の造立を宣言する。

盧舎那仏をつくることによって、日本に仏法が広まり、仏の功徳の光がこの世を遍《あまね》く照らしてくれると考えたのだった。

そして「国家の名の下にではなく、人民の力と思いを結集して造りたい。たとえ一枝の草でも一把の土でも、大仏造立のために寄進してくれたものなら受け入れたい」と広く人民に呼びかけた。

このとき七六歳になっていた行基は、そのカリスマ性を買われて、大仏造立のための資金集め役に起用された。大仏造立の詔の四日後には、すでに行基とその弟子たちは勧進に回っていた。

こうして、大仏を造る大事業が始まったが、当初の計画していた紫香楽《しがらき》（現在の滋賀県）の地では山火事が相次ぎ、断念された。そこで、平城京の東のはずれにあ

東大寺にある盧舎那仏像。鋳造された仏像としては世界最大で国宝。行基を中心に、のべ 260 万人が鋳造に参加したとされ、わずか 7 年で完成した。

る金鐘寺（東大寺）に造られることになった。
さらなる資材も必要になり、行基は再び勧進を頼まれるが、このときも喜んで引き受け、各地を回って仏法を伝え、大仏造立への寄付を募った。

この間、行基は紫香楽での大仏造立中に、聖武天皇の詔によって、日本で初となる、僧で最高の位「大僧正《だいそうじょう》」に任じられた。それでも行基は驕《おご》ることなく、変わらず弟子たちと共に民間伝道し、民衆と共に大仏造立に励んだのだった。

しかし、七四九年、行基は大仏の完成を見ずにこの世を去った。辞世の句には、その安らかなる心境が読み取れる。

かりそめの　宿かる我ぞ　今更に　物なおもひそ　仏とをなれ

（この世というわずかの間の宿を借りている私よ　いまさら物思いなどなさいますな　仏にこそなろうというのに）

その三年後、約十年かかった大仏造立が完了した。その開眼供養会には、参列者が一万数千人にも及んだという。

この大仏造立によって、日本全国に仏法が広がった。大仏造りを手伝った農民や庶民の間に仏法が伝わっただけでなく、行基やその弟子が全国を回って伝道しながら勧進したことで、都から離れたところにも仏法が広がった。

こうして仏教の磁場ができた二年後、仏教界を清め、僧を育てるため、中国・唐から鑑真が渡来し、仏教はさらなる発展を迎える。

〔主な参考書籍〕

『行基』井上薫著

『民衆の導者　行基』速水侑編

『行基と資本主義』長部日出雄著

『奇跡の法』大川隆法著

第三章
仏法のためには身命を惜しまず

十二年かけて日本に渡来した【鑑真】

授戒の大師

古都・奈良には、数々の寺院が立ち並び、今もその風情をたたえている。
その一つ、唐招提寺《とうしょうだいじ》には、盲目の鑑真像が、その慈悲を全身にあらわしながら、
ただ静かに座している。

鑑真は中国・唐の高僧である。
中国北部あたりでは律僧の第一人者で、人々に「授戒の大師」として仰がれていた。

その鑑真のもとに、日本から二人の僧がやってきた。

当時の日本は奈良時代を迎え、貴族政治による中央集権的な国家体制が整いつつ

あり、天平文化が栄えていた。

その一方で庶民や農民は、重税や労役の負担に加えて、日照りや地震などの災害、天然痘の流行など、苦しい生活を強いられていた。

仏教は国家の手厚い保護を受けており、僧は重税や労役の負担がなかったため、そうした苦しみから逃れようとして、庶民や農民らは先を争うように出家した。

僧の中には、政治に介入し、私利私欲に走ったり、権力争いをする者も出てきた。そうして修行も学問もおろそかにした僧が増え、仏教界は腐敗しつつあった。

この状況を嘆いた舎人《とねり》親王は、仏教の戒律を授ける資格を持つ僧（授戒師）を唐から招き、日本の仏教界に戒律の制度を広め、清めようとした。

その命を受けて第九次遣唐使船で唐へ渡ったのが、栄叡《ようえい》と普照《ふしょう》という二人の僧だった。

だが、彼らが唐に到着した後、次の遣唐使船の派遣が中止となってしまった。唐は、国法でわたくしに出国することは認めていなかったため、遣唐使船が来なければ授戒師が日本に渡るのも、国法を犯すことになってしまう。

また、当時の船は櫓《ろ》をこいで走らせる大きな帆柱の船で、航海技術も未発達だったため、唐に着くのにも三カ月かかった。だが、それでもまだいいほうで、多くの場合、船が難破して無事に海を渡るのさえ困難だった。

そうした危険をおかしてまでも日本に渡ろうとしてくれる僧はいなかった。

栄叡と普照が唐に渡ってから九年の歳月が過ぎた頃、ようやく彼らは鑑真に出会う。

どうして身命を惜しみましょう

鑑真は揚州大明寺で律学を講義しており、多くの弟子をかかえていた。

そこで栄叡と普照の二人は、「日本に戒律を伝えるために、ご高弟を遣わしてください」と鑑真にお願いした。

鑑真は弟子を集めて、「誰か日本に渡ってくれる人はいないか」と呼びかけてみたが、これまで二人が会ってきた僧たちと同様、誰一人として名乗りを上げる者はおらず、一座は静まりかえった。

僧たちの声を代表するように、弟子の祥彦《しょうげん》が「日本は大変遠く、渡航しても命が助かるのは難しいと思います。百人に一人もたどり着く人はいません」と言った。

そこに鑑真がこう宣言した。

「これは仏法のためです。どうして身命を惜しみましょう。みなが行かないならば、私が行きます」

この時すでに五五歳になっていた鑑真が、危険を承知でここまでの決断をしたのは、ただ仏法を広めたいという強い信仰心だった。

その鑑真の言葉に、祥彦が「和上（鑑真）が行かれるなら、私もお供します」と続き、二一人の僧が同じく鑑真に随行したいと願い出た。

さまざまな妨害

こうして一行は準備に取りかかったのだが、やはり実際に渡航は困難を極めた。

だが、原因は自然だけではなかった。

第一回は、仲間割れによって失敗に終わる。

七四三年四月、準備は順調に進み、いざ出発となった時のことだった。一行のうち、弟子の道抗と如海の仲が悪くなり、如海が役所に行って、道抗が海賊と通謀して行動を起こす計画をしていると、虚偽の密告をしてしまったのだ。それによって、道抗だけなく栄叡・普照も捕縛・投獄されてしまい、造った船も没収されてしまった。

八月に自由の身になった栄叡・普照の二人は、再度、鑑真に日本への渡航を懇願に行く。鑑真はこれに応えて銅銭八〇貫を出し、船や物資などを買い揃えた。

当時、浙江の沿海地方は海賊が横行しており、被害も少なくなく、海路の通行は、政府の船さえも停まっていた。そうした海賊に襲われる危険のある中も、鑑真たちはまた日本へ渡ろうとしたのだ。

第二回は、激しい波浪によって打ち砕かれる。

同年一二月、鑑真たちの船は揚子江を東へ下り、揚子江の南岸の江口近くで激しい波浪に襲われた。それにより、船が破損する。

船を修理して江口を出、ある島で一カ月ほど風が吹くのを待った後、また別の島へ向かったが、激しい風で浪が高く、船が暗礁に乗り上げそうになってしまう。

ようやく険しい岸を離れたが、船は岩の上に落ちて破損し、一行は岸に打ち上げられた。食糧は底を尽き、一行は飢えと渇きに苦しみながら、ただ助けを待つしかなかった。

五日目に海上警備の役人の船が見回りに来て、一行はようやく救助され、明州の阿育王寺で休養することになった。

第三回は、計画とも言えないまま終わってしまう。

唐招提寺におさめられている『東征伝絵巻』より。日本渡航を目指すも強風のため難破。波間に浮かぶ鑑真が描かれている。（写真『東征伝絵巻 巻第二』奈良 唐招提寺所蔵）

鑑真が阿育王寺に滞在していることを知った諸州の僧たちは、鑑真を招いて講律や授戒をお願いした。その招きに応じ、鑑真は各地に赴き、巡遊、講律・授戒を行った。

そうして鑑真は阿育王寺に帰ってきたのだが、鑑真たちが日本へ密航しようとしていると知った越州の僧が、栄叡が鑑真をそそのかして日本に連れ去ろうとしていると役所に訴えてしまった。

栄叡はまた拘禁され、その後、解放された。

弟子の密告

第四回は、弟子の密告によって阻まれた。

鑑真は、南方の福州から渡航しようと考え、弟子を福州に派遣し、船や物資を調達させた。そうして鑑真一行は福州を目指した。

だが、冬に発った旅のため、一行は険しい吹雪に襲われた。

ようやく福州手前の福建省に着いたが、そこで官憲に捕まってしまった。

揚州に残っていた弟子の霊祐《りょうゆう》が、師匠の身を心配するあまり、引きとめようとして密航計画を密告してしまったのだった。

ちなみに霊祐は、初めから鑑真の渡航計画には反対だったらしく、一度も計画に加わったことがない。

鑑真一行は、揚州の竜興寺へ護送されて役人の監視下に置かれ、栄叡と普照は投獄された（一年後に解放される）。


竜興寺に戻った鑑真は、憂愁にとざされ、高弟たちに厳しく言った。

「霊祐たちが私のことを心配してくれる気持ちはよく分かります。

しかし、私が日本へ行こうとしたのは、仏法のためであり、人民のためなのです。

そのためには、自らの一身などは小さな問題です。

人間は、自らが志した大事の成就のためにこそ生命を賭けなければいけません。霊祐の心配は児女の情に過ぎず、私の大事を遂げることを妨げたことは許せません」

その鑑真の静かな憤りは、霊祐が毎日謝罪し、懺悔《ざんげ》して機嫌を直してもらえるよう懇願し、さらに毎晩八時頃から朝の四時頃まで立ったまま謝罪すること二カ月に及んで、ようやくおさまったほどだったという。

失明と悲哀の旅

そうした妨害が続いても、鑑真の意志は決して屈することはなかった。

七四八年、栄叡・普照の二人は五回目の密航を鑑真に懇願した。三人は改めて策を練り、実行に移すことにした。この時、鑑真は六一歳になっていた。

だが第五回も、漂流によってむなしく失敗に終わった。

揚州を出航して揚子江を下ったが、なかなか好風が吹かず、大海に出られない。ようやく大海に出たら、強い風と高い浪に襲われ、しかも黒潮海流に乗って南方に流されていってしまった。乗員は船酔いや熱病で弱り、蜃気楼にも悩まされ、何日も漂流して、やっとの思いでたどり着いたのは、日本ではなく海南島だった。

そこから一行は揚州に戻ることにした。この揚州への旅路は、鑑真にとって悲しみの連続だった。

端州の竜興寺に着いたとき、栄叡はその志を遂げられず、日本の地を再び踏むことのないまま病死した。鑑真は「哀慟悲切」したという。

善照は揚州の官憲に再び捕まらないよう、一行と途中で別れ、明州の阿育王寺に向かった。別れの際、鑑真は善照の手を取って悲涙した。

この頃から鑑真の目が悪くなり始めていた。
そして、ついには失明してしまった。
原因は、栄叡の死を悲しんだあまりとも、旅の疲れや度重なる難事のためとも、老人性白内障とも言われている。

さらには、吉省（今の江西省）を目指し、揚子江へ出ようとした船旅の中で、祥彦が病死してしまう。祥彦は、鑑真の日本渡航に随行することを真っ先に表明し、その後ずっと鑑真についてきた弟子だった。その愛弟子だけに、鑑真の悲しみは一層深かっただろう。「彦、彦」と、大声で嘆き悲しんだという。

これだけの悲しみを経ても、揚州に帰ってくると休む間もなく、鑑真は数々の寺で経典の講義や授戒を続け、教化活動に励んだ。

十二年目、六度目での成功

五回目の失敗から五年後――第六回にして、ようやく日本への渡航が果たされる。

七五〇年に日本政府は十七年ぶりに遣唐使派遣を決め、七五二年、遣唐使船が長安に到着した。

遣唐使一行は唐の玄宗皇帝に、鑑真と数名の僧を日本に招きたいと申し出たが、皇帝からの許しは下りなかった。そのため、遣唐使の大使らは鑑真に密航してくれるよう依頼する。鑑真はその申し出を承諾し、揚州を脱出して日本の船に乗り込んだ。

七五三年に沖縄、七五四年に平城京に到着した。

鑑真が日本渡航を決意してから十二年、普照が日本を発ってから二一年目のことだった。


その間に、三六人の同志が亡くなり、二〇〇人余りが脱落して去っていった。

最初から志同じくして無事日本に到着できたのは、鑑真と弟子の思託《したく》、善照の三人だけだった。


その後、鑑真は朝廷より授戒伝律の任を任され、聖武上皇、光明皇后、孝謙天皇をはじめ、四三〇余人が鑑真を師として戒を受けた。

七五五年、東大寺に戒壇院が完成し、三師七証（注）による正式な受戒を経たものでなければ政府公認の僧となることができなくなった。これによって、ようやく鑑真・栄叡・普照の目的が果たされたのだ。なお、この東大寺では、後に最澄や空海も、鑑真の弟子から戒を授かる。

七五八年、鑑真は朝廷より最高の称号「大和上」を賜り、その翌年、唐招提寺を開き、戒律を学ぶ人たちの修行所とした。

鑑真は、こうして日本の仏教界を清め、多くの名僧を育てた。

また、『法華玄義《ほっけげんぎ》』『摩訶止観《まかしかん》』『四教儀』など天台大師智顗《ちぎ》の著書を多く持って来て、日本に最も早く天台の教義を紹介しており、仏教の発展に大きく貢献した。

七六三年、鑑真は自らの死期が訪れたことを悟ると、西を向いて足を組んで座り、静かにその七六歳の生涯を終えた。

（注）三師とは、和上・羯磨師・教授師。七証とは、証師。

〔主な参考書籍〕

『鑑真』安藤更生著

『鑑真』東野治之著

『唐招提寺と鑑真和上物語』田中舘哲彦著

第四章

我をおいて末法の世を救う者はなし

国難襲来を訴えた【日蓮】

私は釈迦から送り込まれた預言者

「この世が末法に入ってから二〇〇〇年が経ちます。仏陀の直接の教えからほど遠くなってしまった私たちが成仏する道は一つだけです。その道は『南無妙法蓮華経《なむみょうほうれんげきょう》』の文字の中に示されています。

しかし浄土宗の人々は、この価値ある経典にはもう耳を傾けないよう呼びかけています。真言宗は、自分たちの経典である『大日経』を足とするなら、その足の履物を緩める役ほどの価値もないと悪口を言います。釈迦は、『法華経』第二巻の『譬喩品《ひゆほん》』で、仏教の芽を摘み取ろうとする者は、無間地獄に落ちると語っていなかったでしょうか。あなたがたに見る眼と聞く耳があるのなら、このことを理解し真偽を見極めなければなりません。

浄土宗は地獄への道、禅宗は天魔の教え、真言宗は国を滅ぼす異端信仰、律宗は国を乱す人たちの集まりだということを知らなくてはなりません。

これは私の言葉ではありません。経典に書かれているのです。空を飛ぶカッコウの声を聞いてください。カッコウは時を知っていて、種をまく時期を知らせてくれます。ですから今、種をまいて、収穫の季節に後悔しないようにしましょう。今こそが『法華経』の種をまくときです。私はそのために釈迦から送り込まれてきた預言者なのです」


日蓮が三二歳の時に、初めて人前で説法した内容がこれだ（当時は蓮長と名乗っていた）。

師にあたる道善坊は、真言宗の僧で、日蓮を後継者に考えており、京都への遊学を終えて帰ってきた日蓮のために、説法の舞台を用意していた。

聴衆には地元の地頭である東条景信もいた。彼は熱心な浄土宗の信者で説法を楽しみにしていた。

しかし、日蓮は、こうした人々の期待をことごとく裏切り、真言宗も浄土宗も痛烈に批判してしまった。当然、聴衆は激昂する。特に、地頭の東条景信は、日蓮の下山を待って殺害を企てるまでに怒った。さすがに師の道善坊は、日蓮をかばったため、日蓮はかろうじて死を逃れることができたという。

いわば最初の説法は〝大失敗〟だったわけだが、日蓮の心は少しも揺らぐことなく、内容は激しくとも、「穏やかな表情、高く透き通る声で」説法したという。そして、ますます不退転の決意でもって、さらなる伝道に乗り出していく。

我こそ末法を救うべく、信仰を甦らせる使命を与えられた人間だ

日蓮のこの激しさは生来のものであったらしい。

日蓮は一二歳で生家の近くの清澄寺に出家して、密教や念仏の修行を始めたが、ある日「日本第一の智者となし給え」と一心に祈っていると、虚空蔵《こくうぞう》菩薩が現れて、輝く智慧の宝珠を与えたという。この時、日蓮は大量に吐血したと言われるが、血を吐くほどの祈りというのは、どれほど真剣で激しいものであっただろうか。

しかし、勉強を続けるうちに、「なぜ仏教は、いくつもの宗派に分かれて他宗を批判しあっているのか」という疑問が次第に頭から離れなくなる。

そこで真実の教えとは何かを探究するために、諸国を回ることにする。

まず鎌倉に向かって念仏修行に励むが、納得できない。しかも地震などの天変地異が起きて、世相はますます「末法」（注1）の様相を帯びてくる。

次第に日蓮はこう思うようになる。

「原因のすべては、この国では本当の教えが説かれず、間違った教えが説かれて、それを人々が信じていたことにある。私こそが、この地に信仰を甦らせるべく使命を与えられた人間ではないのか」

日蓮は、ますます使命感をもって修行に励むが、京の比叡山に行って天台宗を学ぶものの、まだ納得がいかない。さらに、近畿中の寺を訪ねて十宗を学び尽くし、ようやく「法華経」こそが、釈尊の本懐であるとの結論を出す。

こうして天台大師智顗の『法華玄義』や『摩訶止観』などを中心に、『法華経』の研究に励み、一念三千（注2）の法門こそが釈尊の悟りの極致だと確信する。

するとある日、こんなことがあったという。

日本の主たる神々が日蓮の前に現れて、日蓮の身を守る約束をし、神々は消え去りながら声を揃えて、こう言った。

「斬人行世間（この人物は世界を巡り）
能滅衆生闇（人々の闇の部分を滅ぼすだろう）」

この霊的体験があって、日蓮の確信に満ちた〝怖いもの知らず〟の説法が生まれたのだ。

日本で初めて辻説法を行う

日蓮は、最初の説法で殺されかけたにもかかわらず、次の説法で、「阿弥陀ではなく釈尊を信奉しなければならない」と説いて、念仏宗を再び批判したため、説法を聞いていた念仏宗の信者が激怒してしまう。

次に日蓮は幕府のある鎌倉に向かい、さらに激しい布教活動に入る。
鶴岡八幡宮の参道の辻に毎日立って、説法を始めたのだ。
いわゆる「辻説法」だが、これを行ったのは日蓮が日本で初めてだと言われる。

具体的には、「南無妙法蓮華経」と書いた旗を立て、手に経巻と数珠を持ち、たった一人で道行く人に説法をするのだ。

しかもその内容は、

「念仏は無間獄なるぞ、

禅は天魔なるぞ、

真言は国を亡ぼす大悪法、

律は国の賊なるぞ。

末法当今の衆生のためには、

法華経のほか助かるべき正法はない」

といったものだった。

当然、聴衆の反応は厳しかった。罵詈雑言を浴びるのは当たり前で、時には石を投げつけられたという。

しかし日蓮は、この辻説法を、実に六年にわたって続けている。

その結果、比叡山で修行を共にした日朗や日昭といった弟子が集まり、武士の間でも信者が増え始めた。

日蓮の教団の基礎はこうしてできたわけだが、その頃、関東地方では洪水、火災、飢饉、疫病、地震といった天変地異が相次いだ。

日蓮は、この現象を「真の仏の教えである法華経をないがしろにしているせいだ」と考え、三九歳の時に『立正安国論』を著す。

その内容は、「念仏信仰などをやめて法華経に帰依しなければ国家は安泰にならない」といったもので、後の蒙古襲来を予言したことでも知られる。この著作を日蓮は時の最高権力者である北条時頼に上奏した。しかし、そのことによって、他宗派の怒りを買い、度重なる法難を招くことになる。

四度にわたる法難をくぐり抜ける

最初の法難は、幕府の有力者であり念仏宗の信者だった北条重時によるもので、日蓮が暮らしている松葉ヶ谷の草庵を襲撃し、松明を投げ込んで焼き討ちにした（松葉ヶ谷の法難）。

日蓮はかろうじて逃げ出し、下総《しもうさ》（千葉県）に落ち延びる。

しかし、日蓮は下総でも積極的に布教して信者を増やすと、九カ月後には再び鎌倉に戻る。

そして、また辻説法を行い、以前にも増して激しく説法を行う。

が、結局、時の執権である北条長時らに睨《にら》まれて、逮捕されて伊豆に流罪となる（伊豆法難）。

当然、日蓮は懲りない。配流先の伊豆で著作活動に励みつつ、法華経の布教活動を展開する。

日蓮が許されたのは二年後だが、故郷の安房《あわ》（千葉県）に帰って、またも布教活動に入る。最初の説法を行った土地だが、今度は一方的に迫害されることなく、順調に信者を増やしていく。しかし、最初の説法で日蓮を殺そうと企てた東条景信がまたも日蓮襲撃を計画。十人ほどの日蓮とその弟子を、数百人で襲いかかる（小松原法難）。この時、三人の弟子が殺され、日蓮宗の最初の殉教者となった。

それから四年後、蒙古（モンゴル）の使者が来日し、日本に国防の危機が訪れる。『立正安国論』で外冦《がいこう》を予言していた日蓮は、いよいよ激しく、法華経への帰依を訴えた。さらにその三年後には、律宗の僧・忍性と雨乞いの祈祷《きとう》合戦を行ったところ、見事雨を降らすことに成功する。

予言的中と雨乞いの勝利により、日蓮の評判は高まり、法華経の信者は増加した。しかし、念仏宗の信者たちにはかえって恨まれる。ある日突然、幕府の役人に逮捕され、その日のうちに佐渡《さど》への流罪を申し渡される。

しかも、佐渡への流罪は表向きの罪状で、実は途中で斬首する予定だったという（龍の口の法難）。そのことを察知した日蓮は、護送中に鶴岡八幡宮の前を通りかかった

清澄寺（上写真）は、日蓮が修行した寺（千葉県)。日蓮が他宗排撃の第一声を放った場所でもある。龍口寺（下写真）は、有名な龍の口の法難の舞台となった処刑場跡。光の玉が走って、処刑人の刀を折るという奇跡を多くの人がここで目撃した。

時に、こう言い放った。

「最後に臨んで、八幡大菩薩に言うべきことがある。

いかにこの八幡大菩薩は真の神か、但しは邪神か。

二千余年の昔、大聖世尊霊山において、この法華経が末法に弘まらん時、その行者を守護すべき由仰せられし時、八幡のその座に列なり、法華経の行者に疎略なるべきことを三度まで誓いながら、今このところに出会い給わぬこそ不思議である。

日蓮今夜首斬られて死ぬるならば、霊山の釈尊の御前へ参り、日本国の八幡こそ約束に違いし邪神なりと、さし切って言上しまするぞ。

もしそれをつらつら思い召さば、急ぎ急ぎ現証に奇特を顕したまえ」

その後、日蓮の首に向けて処刑の役人が刀を振り下ろそうとした刹那、江ノ島の上空に光が走り、突風が吹き荒れ、役人の刀が鍔元《つばもと》から三つに割れたため、振り下ろすことができなくなった。現場は大混乱して、処刑はうやむやになってしまい、結局、当初の予定通り、佐渡への流罪で済まされることになったという。まさに日蓮の祈りが通じた形となったのだ。

日蓮の「自分は神々に守られている」という確信は、これでますます強まった。

一言半句も私の言葉はない

日蓮は、こうして何度も命の危険にさらされながら、その都度、奇跡的に助かり、法難のたびに、より逞《たくま》しくなって、一つの宗派を形作っていった。

日蓮の他宗排撃の凄まじさは、決してすべて肯定されるべきものではない。明らかにやり過ぎの面もあった。

しかし、矢内原忠雄は「日蓮は喧嘩を好んで喧嘩したのではない。彼は真理を愛したが故に、真理の敵に向かって止むを得ず論難を加えた」と庇《かば》っている。

同様に、内村鑑三も、「日蓮から誤った知識を取り除き、親譲りの激しい気性を取り除き、さらに時代と環境が彼に与えた影響の多くを取り去ると、そこに残るのは心底誠実な心、この上なく正直な人間、最も勇敢な日本人が現れる」と評した。

見過ごされがちだが、日蓮は行動の人であると同時に、教学の人でもあった。一二歳で出家して、三二歳で説法を始めるまでの二〇年間、みっちりと勉学に励んでいる。そして、説法で話す一言の背景には、必ず経文の裏づけがあったと言われる。

幕府に捕らえられた際にも、役人に向かって「我が説きたる法門は、一々如来の金言であって、一言半句も日蓮が私の言はないのである」と言っている。

この教学の裏づけが、「釈迦から送り込まれた預言者」「信仰を甦らせる使命を与えられた」「八幡菩薩に守られるべき法華経の行者」といった強烈な自負心と霊的確信を支え、人々や弟子たちへの説得力へとつながっていったことは想像に難くない。

つまり、天変地異の相次ぐ末法の世を救うことができるのは自分をおいていない

――この使命感こそが日蓮とその弟子たちの強さの源泉であった。

その後、日蓮は、佐渡から戻ると、ほどなく甲斐の身延山《みのぶさん》に隠棲する。最終的には百人を超える弟子が身延山で日蓮と同居し、共に祈りや修行に励んだと言われる。日蓮の教えは、その後、日昭、日朗、日興、日向、日頂、日持の六人の高弟に受け継がれていく。日持は、その後、蝦夷《えぞ》に伝道に向かったと言われているが、最後にこう言ったという。

「日本国内の伝道は日昭、日朗で事足りよう。閻浮提《えんふだい》広宣流布とあるからには、日本一国では物の数ではない。自分はこれより外国にわたって、広く世界にこの法門を弘通しよう」

朝鮮や中国にも、法華経の寺院があると記した文献があるのは、日持の伝道の跡だと言われる。鎌倉時代に、本当に海外伝道に成功していたとしたら相当なものだ。この積極的な伝道の精神もまた、日蓮の教えの真骨頂だと言えよう。

（注1）釈尊が入滅してから五〇〇年間は教えが正しく伝わり（正法）、次の五〇〇年は教えが形式化し、さらに次の五〇〇年を末法といい、仏法が正しく行われなくなり、世が乱れる時代になると言われる。五〇〇年ずつではなく、一千年で区切る説もある。

（注2）人の心には念《おも》いの針というものがあり、一日のうちでさまざまな方向を指し示し、揺れ動いて、とまるところを知らない。心のあり方は三千通りも存在している。そこで、磁石がつねに北を指し示すように、心の針は、地獄ではなく、天上界、仏の方向を指し示すべきであるという教え。

〔主な参考書籍〕

『代表的日本人』内村鑑三著

『日蓮』佐々木馨編
『日蓮と法華経』永田美穂監修
『余の尊敬する人物』矢内原忠雄著
『太陽の法』大川隆法著

第五章
たとえ一人であっても、まことの信心を

一代で百万信徒を創った【蓮如】

困窮を極めた下積み時代

参拝客は一人もなく、
一杯の汁を水で薄めて家族三人ですすり、
一日に一度しか食事ができない日もあり、欠食する日もあった――。

下積み時代の蓮如の生活だ。

蓮如は、言うまでもなく浄土真宗の中興の祖と言われ、崩壊寸前だった本願寺を立て直し、同じ宗派で興隆を極めていた仏光寺派や高田専修寺派を追い抜き、さらには浄土宗、曹洞宗、日蓮宗をも凌駕《りょうが》して、日本最大の教団を創り上げた人物として知られる。

しかし、蓮如が生まれた時は、親鸞の興した浄土真宗の直系でありながら、本願寺は天台宗の末寺に組み込まれ、厳しい生活を余儀なくされるほど衰退していた。現在、京都駅前にある東本願寺の御影堂が世界最大の木造建築であることからは想像もできないほどの貧窮ぶりだ。

しかも、蓮如が第八代の法主を継いだのは四三歳の時。

人生五〇年と言われる時代にあって四三歳のデビューはいかにもスタートが遅い。実に二〇年以上にわたる〝鳴かず飛ばず〟の下積み時代があったことになる。

しかし、このときの努力と蓄積が、その後の活躍の推進力となる。

蓮如はこの下積み時代に、大きく二つのことをしている。

一つは徹底的な教学。

もう一つは、旅を通じて諸国の庶民の生活の実情をつぶさに見て歩いたことだ。

蓮如が学んだのは、親鸞の著作が中心だが、主著である『教行信証《きょうぎょうしんしょう》』などは表紙を読み破るほど精読した。『安心決定鈔』に至っては七度も読み破ったという。それも油を買うお金がないので、薪を燃やしたり、月の光を頼りに読書したという、二宮尊徳ばりの逸話も残っている。

蓮如が本願寺の立て直しを決意したのは一五歳の時であったと言われる。しかし、蓮如の母は身分が卑しく、物心がついた時に出奔してしまったため、蓮如は継母にいじめられて育った。

実際、四三歳まで蓮如は第八代の法主になる見込みがほとんどなかったと言われる（直前になって叔父の支援が得られて法主になった）。

したがって、若年の頃の教学は、法主の地位に就くあてもないまま、励んでいたことになる。

おそらく、長い下積みの生活の中で、希望を失いそうになったり、挫けそうになる心を、親鸞の著作に励まされていたことは想像に難くない。

後世の研究家も、蓮如の勉強を「アカデミックな研究」ではなく、「信心獲得」のためだったと分析している。

明確な記録はないが、この不遇の時期に、教学を通して、自身の悩みや苦しみを乗り越え、「信心の決定《けつじょう》」を果たしたのだろう。

四三歳で法主の地位に就いた時には、決して揺るがない堅固な信仰心を持ち、自らが仏法によって救われたという確信を武器に、本願寺の再興を図る決意ができていた。


三五歳の時の関東への布教の旅も、蓮如の活躍の素地を築いた。

本願寺は衰退しきっていたので、同じ宗派の寺を訪ねても、誰も出迎えに来ない有様だったらしい。

しかし、その中で、多くの寺が親鸞の教えに反して堕落していた様をつぶさに見て歩いた。

そして、飢饉などが相次ぐ中で、民衆が何に悩み、何を求めているかを目と耳と足で確認した。

この時の旅で、足に食い込んだ草鞋《わらじ》の跡は、晩年に至るまで残っていたという。単に本を読んだだけでなく、実地に庶民に交わり、人々の声を聞き、教えと照らし合わせ、また自らの悩みと戦いながら、雌伏のときを過ごしたのだ。

一つの御文には一〇〇〇倍の蓄積がある

こうした経験から、「凡夫往生」が蓮如の伝道の特徴となった。平凡な人でも、信心さえ決定すれば、救われる（天国に生まれ変われる）と説いたのだ。

当時はまさに世紀末的な世相だった。

蓮如が法主となって二年後、長期にわたる飢饉が襲い、餓死者の数が八万二千人に達したことがある。加茂川に投げ捨てられた餓死者の屍が累々と積み重なり、川の流れをせき止めて、悪臭が都に充満したという。こういう状況で、市井の人々をどう救えるかを蓮如は誰よりも真剣に考えたのだろう。だから「貴族に取り入って」とか「武士階級を味方に」という発想をすることなく、ただひたすらに大衆救済、大衆布教を志した。

そのため、蓮如の説法は、とにかく分かりやすかった。有名な「御文《おふみ》」も、非常に分かりやすいことで知られる。単に〝軽かった〟ということではない。

御文は、浄土真宗の教えを分かりやすく文章にしたものだが、独特の作り方をしていた。まずは一〇〇〇の内容を用意して、その中から一〇〇を選び、さらに一〇〇のうちからもっと大切な一〇に絞り、その一〇を一に集約するのだ。だから、教えのエッセンスの中のエッセンスを凝縮したものになった。御文は決して適当に書いたわけではなく、練り込み、練り込み、練り込んだ末の文章だった。

しかも二〇年以上にわたる教学の蓄積があっての練り込みだから、半端なものではない。書写された御文が諸国に伝わると、御文に込められた言霊が伝道に効果を上げたのは言うまでもない。

御文を書くだけでなく、直接信者に語っても聞かせた。教えを求める人がいれば、相手が一〇人でも、五人でも、一人でも、丁寧に御文の内容を語ったという。

それも、これまでのように、上から見下ろすような立場で話すことはなく、平座で雑談するような雰囲気で、低い身分の相手でも分け隔てなく接した。

「身分や地位の違いを問わず、このようにみなさんと同座するのは、親鸞聖人も、すべての世界の信心の人はみな兄弟であると仰せになっているので、私もそのお言葉の通りにするのである。また、このように膝を交えて座っているからには、遠慮なく疑問に思うことを尋ねてほしい、しっかりと信心を得てほしいと願うばかりである」

蓮如はこう言って、時間さえ許せば、町や村に出向いて民衆の生活の中に入っていき、信仰を持つことのありがたさを語って聞かせたという。

蓮如が信仰についての話をすると、その場にいる人はみな感動して涙を流したと言われる。

こうした蓮如の足を使った伝道によって、本願寺の教勢は急速に伸びていった。

伝道の成功は「信心の決定」で決まる

蓮如は徹底的に「信心の決定」にこだわった。

蓮如は伝道の秘訣をこう語っている。

「人を教え導こうとする者は、まず自分自身の信心を決定した上で、お聖教を読んで、そのこころを語り聞かせなさい。そうすれば聞く人も信心を得るのである」

また、こうも語っている。

「私はどのようなことでも相手のことを考え、十のものを一つにして、たやすくすぐに道理が受け取れるように話している」

「私は相手のことをよく考え、その人に応じて仏法を聞かせるようにしている」

さらに、「一宗の繁昌《はんじょう》」について問われて、こう答えている。

「人が多く集まり、勢いが盛んなことではない。たとえ一人であっても、まことの信心を得ることが、一宗の繁昌なのである」

意外だが、蓮如は大勢を一度に効率的に教化しようとしたことはほとんどない。常に、目の前にいる人を一人ずつ、全力で信心を獲得できるよう、丁寧に説得を重ねていったのだ。蓮如のそんな真摯な姿勢に、人々は心動かされ、その感動をもって、他の人に伝道するという循環が生まれた。いわば〝感動の伝播〟が起こったわけだ。

ウソやごまかしのない真実の信仰をつかむことさえできれば、おのずと教勢は後から拡大する——これが蓮如の基本姿勢だった。

そのために法談を奨励した。

信仰心を間違って受け止めていた場合、人に指摘してもらうことによって、改めることができるからだ。自分勝手な解釈を戒め、心得違いを修正できる仕組みとして、仏法について語り合う場を設け、積極的に発言することを求めた。これによって、人々の信心が養成される仕組みとしたのだ。

この信仰の純粋性へのこだわりが、本願寺教団の一大特色となった。

当時、同じ浄土真宗でも仏光寺派などは、信者の名を書き連ねた「名帳」や、信者の肖像を描き込んだ「絵系図」を一定の布施をして頂けば、極楽往生間違いなしと説いて、人気を博していた。一種の免罪符のような発想だ。

しかし、蓮如は、信仰の中身を問うことなく布施の金額だけで往生できるとするやり方を異端だとしてバッサリ切る。そして、繰り返し「信心の決定」の大切さを説いたのだ。

当然のことながら、その基にあるのは、蓮如自身の純粋な信仰である。

蓮如は言う。

「仏法のためと思えば、どんな苦労も苦労とは思わない」

「仏法の話をして、相手の人が喜んだときは、自分はその相手の人よりも、もっと喜んで尊いことだ」

「食事をいただくときにも、阿弥陀如来、親鸞聖人のご恩によって恵まれたものであることを忘れたことはない。ただ一口食べても、そのことが思いおこされてくる」

「人々に信心がないことを思うと、この身が切り裂かれるように悲しい」

寝ても覚めても、仏法のことを思い、大衆救済に思いを馳せていた様が伝わってくるようだ。

迫害を超えて大教団へ

この蓮如の「信心の決定」へのこだわりは、一方で激しい迫害も生んでいる。

釈尊の教え、親鸞の教えに忠実にあろうとすればするほど、既存の寺との関係において軋轢《あつれき》を生むことになったからだ。

例えば、蓮如は法主に就くやいなや、天台宗の影響を払拭するために、天台宗の仏像と経典を薪にして燃やしてしまった。説法でも、天台の教えは一切排し、浄土真宗本来の教えのみを説いた。

当然、天台宗の延暦寺は烈火の如く怒る。蓮如を「仏敵」「神敵」と断じ、「本願寺を打ち毀《こわ》すことに決した」と書いた牒状《ちょうじょう》を送りつけてきた。

しかし、蓮如がその脅迫状を無視したため、さらに怒りを募らせ、ついに本願寺の打ち毀しを決行する。蓮如は一度は礼銭を払って襲撃を止めるが、本願寺から離

蓮如が一時本拠地とした吉崎御坊(上写真)。浄土真宗の北陸布教の一大拠点となった。蓮如の幼少時には一人の参拝者もなかった本願寺は、吉崎（福井県）を拠点にした頃には、全国から集まる参拝者の宿泊施設が100軒以上になるほどの賑わいを見せた。

れて各地に潜伏しながら布教に努めたため、延暦寺側は改めて本願寺襲撃を断行した。

それからというもの、蓮如は各宗派による弾圧との戦いに明け暮れることになる。その都度、琵琶湖畔の堅田、北陸の吉崎、京都の山科、大坂（石山本願寺）と、次々と本拠を転じたが、信者はどんどん増えていった。

その結果、本願寺派は当時でも最大の教団に成長する。当初、異端として蓮如の批判を浴びた仏光寺派は、信者を次々と蓮如に切り崩されて、結局、幹部のほとんどが本願寺派に組み込まれた。

北陸の吉崎では、全国から集まってくる信者が宿泊する多屋が一～二〇〇軒も連ねるまでに繁栄した。さらには、信者たちが結集して一揆を起こし、大名を打ち倒して一国の支配者になってしまうほどの勢力を築いた（蓮如自身は盛んに暴発を止めていた)。

山科本願寺は「富貴の栄の誇り、もっとも寺中は広大無辺にして、荘厳ただ仏国のごとし」とまで言われるほどの興隆を誇った。

大坂御坊は後の石山本願寺となったが、そこが現在の大阪城に当たる地であることから考えても、いかに巨大な本拠を築いたかが分かる。

一説によると、蓮如の教団は信者一〇〇万人を数えたという。

鉄道も飛行機もなく、印刷技術もない時代で、徒歩と御文のみでこれだけの教団を創り得たのは奇跡と言っていい。

蓮如は活動の開始が四三歳と遅かったが、当時としては長命で八四歳まで仕事を続けている。

「ご本尊は破れるほど掛けなさい、お聖教は破れるほど読みなさい」

この言葉に象徴されるように、蓮如の信仰は常に努力と実践に裏づけられていた。それを御文と無数の説法によって、うまずたゆまず、一人ずつ信心の決定を促していったのだ。

この情熱は、「己は身を捨てたり」という仏法に命を賭けた蓮如の信仰心から来ていたことは言うまでもない。

〔主な参考書籍〕

『蓮如上人御一代記聞書』浄土真宗宗教学研究所編
『蓮如五帖御文』細川行信、村上宗博、足立幸子著
『蓮如』森龍吉著
『蓮如』笠原一男著
『蓮如』百瀬明治著

『大川隆法霊言全集第20巻』大川隆法著

あとがき

この生き方はすごすぎる――。

本書を書くにあたって、歴史に名を遺す伝道師たちの生涯を調べて、彼らの情熱に、彼らの信念に圧倒された。

なぜ彼らは挫けないのか。

なぜ彼らは命を惜しまないのか。

なぜ彼らは退かないのか。

なぜ彼らはそこまでしなければならなかったのか。

その理由は一つ。

「神仏に命じられた」からだ。

客観的にどう見えるか、他人からどう思われるかは別として、彼らは一様に「神仏に命じられた」という霊的確信に突き動かされていた。

だからこそ、彼らは誰よりも強く、決して挫けず、身命をなげうつことができた。

こういう人が放つ言葉には、霊的バイブレーションがある。理屈ではない説得力がある。

だから、その情熱が伝播する。磁石のように人々を引き寄せ、同じ志の下に生きる協力者が増えていく。その結果、誰も想像できなかった偉業を成し遂げることができたのだ。


本書ではキリスト教と仏教の諸宗派の伝道師たちが数多く登場するが、各宗派の良し悪しや歴史的評価にはあえて触れていない。

しかし、何教であろうが、何宗であろうが、信仰の力は具体的で現実的な力を有しており、偉大な仕事を成し遂げる力があるという点で共通している。

仏教やキリスト教などの世界宗教がなぜ二〇〇〇年以上も存続するかを考えると、

国家統治のための法律や企業経営のためのマネジメントを超えて、「信じる力」がいかに強いかを示している。

考えには力がある。人は思った通りの人になる。世界は念いによって創られる。

彼らの不屈の人生は、そんなことを私たちに教えてくれる。


ハッピーサイエンス・エディターズ・グループ

ＨＳエディターズ・グループ

日本の未来を拓き、世界のリーダーとなる人材の育成を目的として、真の教養を積み、人格を形成するための指針となる書籍の出版を目指す、幸福の科学出版の一般書編集部のエディターを中心に構成。本書のほか『偉人たちの告白』等も手がける。

【本文内写真】© Olga Shcherbakova - Fotolia.com ／提供：アフロ…p12, © zatletic - Fotolia.com…p23,Interfoto/ アフロ…p28,Superstock/ アフロ…p31, 写真：アフロ…p44, © Bettmann/CORBIS…p47, © Bettmann/CORBIS…p62,The Bridgeman Art Library/ アフロ…p71, © Hulton-Deutsch Collection/CORBIS…p78, © National Portrait Gallery, London /amanaimages…p84, © Pierre-Jean DURIEU - Fotolia.com…p94, © 希杰 范 - Fotolia.com…p100, © Luca Tettoni/Robert Harding WorldImagery/Corbis…p106, © paylessimages - Fotolia.com…p130, 写真：アフロ…p134, 写真：アフロ…p152,（上）© KAZUHIRO FUJII / SEBUN PHOTO /amanaimages（下）写真：アフロ…p163, © SHIGENOBU HAYASHI/SEBUN PHOTO /amanaimages…p170,（上）（下）写真：アフロ…p183,

伝道師

仏教、キリスト教はいかにして世界宗教になったか

2011年11月18日　初版第1刷
2011年12月15日　　　第3刷

編　者　ＨＳエディターズ・グループ

発行者　佐藤　直史

発行所　幸福の科学出版株式会社

〒142-0041　東京都品川区戸越1丁目6番7号
TEL（03）6384-3777
http://www.irhpress.co.jp/

印刷・製本　三協美術印刷株式会社

落丁・乱丁本はおとりかえいたします

ISBN978-4-86395-160-0 C0014

幸福の科学出版の本

実は
アインシュタインも
武田信玄も
バッハも――
みんな神を信じていた

偉人たちの告白

HSエディターズ・グループ 編

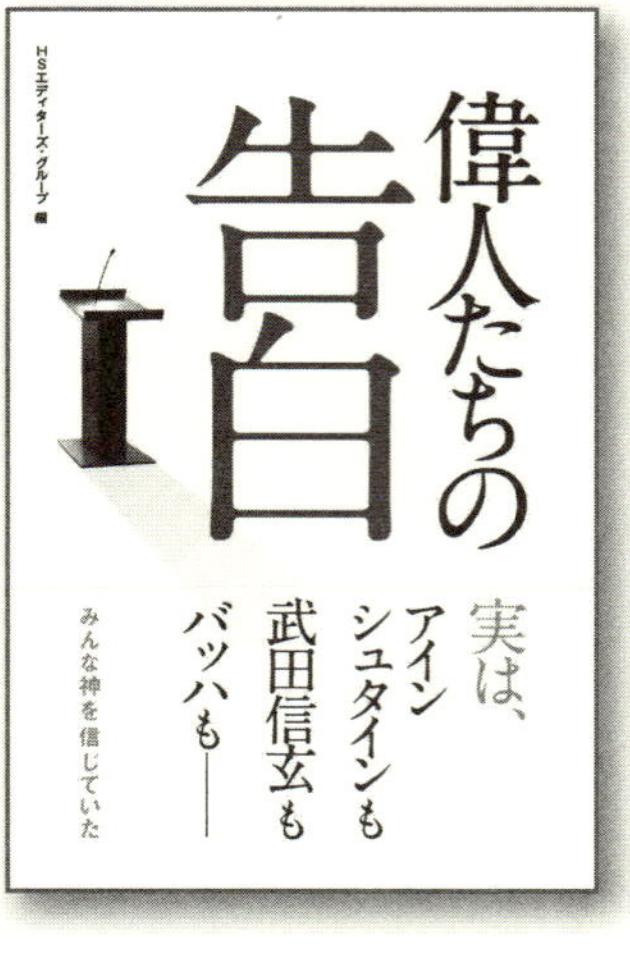

科学者、政治指導者・革命家、
哲学者・思想家・宗教家、
文豪・芸術家、
実業家・社会活動家――

偉人９１名の
知られざる言葉

定価 1050 円
ISBN978-4-86395-159-4